Diogenes Taschenbuch 20847

Friedrich Dürrenmatt

Werkausgabe in dreißig Bänden

Herausgegeben in Zusammenarbeit mit dem Autor

Band 17

Friedrich Dürrenmatt

Nächtliches Gespräch mit einem verachteten Menschen

Stranitzky und der Nationalheld

Das Unternehmen der Wega

Hörspiele und Kabarett

Diogenes

Umschlag: Detail aus ›Labyrinth III‹ von Friedrich Dürrenmatt.
Nächtliches Gespräch mit einem verachteten Menschen erschien erstmals 1957 im Verlag der Arche, Zürich.
Aufführungs-, Film-, Funk- und TV-Rechte:
Weltvertrieb: Reiss AG, Theaterverlag, Sprecherstraße 8 CH-8032 Zürich.

Vertrieb für Deutschland: Felix Bloch Erben, Verlag für Bühne, Film, Funk, Hardenbergstraße 6, D-1000 Berlin 12.
Vertrieb für Österreich: Theaterverlag Eirich GmbH, Lothringerstraße 20, A-1030 Wien.
Stranitzky und der Nationalheld erschien erstmals 1953 im ›Hörspielbuch 1953‹, Europäische Verlagsanstalt, Frankfurt/M. Einzelausgabe 1959 im Verlag der Arche, Zürich.
Das Unternehmen der Wega erschien erstmals 1958 im Verlag der Arche, Zürich.
Aufführungs-, Film-, Funk- und TV-Rechte:
Diogenes Verlag AG Zürich.
Die Kabarett-Texte *Der Gerettete* und *Der Erfinder* erschienen erstmals 1980 im Diogenes Verlag.

40/89/29/6
ISBN 3 257 20847 2

Inhalt

Nächtliches Gespräch mit einem verachteten Menschen

Ein Kurs für Zeitgenossen

Die Stimmen

Der Mann
Der andere

Geschrieben 1951

Eine Fensterscheibe klirrt.

DER MANN *ruhig und laut* Kommen Sie bitte herein.

Stille.

DER MANN Kommen Sie herein. Es hat keinen Sinn, auf dem Fenstersims sitzen zu bleiben in dieser unangenehmen Höhe, wenn Sie schon heraufgeklettert sind. Ich kann Sie ja sehen. Der Himmel da draußen hinter Ihrem Rücken ist immer noch heller in seiner Dunkelheit als die Finsternis dieses Zimmers.

Ein Gegenstand fällt auf den Boden.

DER MANN Sie haben die Taschenlampe fallen lassen.

DER ANDERE Verflixt.

DER MANN Es hat keinen Sinn, nach ihr auf dem Boden zu suchen. Ich mache Licht.

Ein Schalter knackt.

DER ANDERE Vielen Dank, Herr.

DER MANN So. Da sind Sie. Die Situation ist gleich sympathischer, wenn man sich sieht. Sie sind ja ein älterer Mann!

DER ANDERE Haben Sie einen jungen erwartet?

DER MANN Allerdings. Ich habe dergleichen erwartet. Nehmen Sie auch die Taschenlampe wieder zu sich. Sie liegt rechts vom Stuhl.

DER ANDERE Verzeihung.

Eine Vase zersplittert.

DER ANDERE Verflixt nochmal. Jetzt habe ich eine chinesische Vase umgeworfen.

DER MANN Den griechischen Weinkrug.

DER ANDERE Kaputt. Es tut mir leid.

DER MANN Macht nichts. Ich werde kaum noch Gelegenheit haben, ihn zu vermissen.

DER ANDERE Es ist schließlich nicht mein Metier, Fassaden zu klettern und einzubrechen. Was jetzt von einem verlangt wird, soll doch der Teufel – meine Ungeschicklichkeit tut mir wirklich leid, Herr!

DER MANN Das kann vorkommen.

DER ANDERE Ich glaubte –

DER MANN Sie waren der Meinung, ich schliefe im andern Zimmer. Ich verstehe. Sie konnten wirklich nicht wissen, daß ich um diese Zeit noch im Finstern an meinem Schreibtisch sitze.

DER ANDERE Normale Menschen liegen um diese Zeit im Bett.

DER MANN Wenn normale Zeiten sind.

DER ANDERE Ihre Frau?

DER MANN Machen Sie sich keine Sorgen. Meine Frau ist gestorben.

DER ANDERE Haben Sie Kinder?

DER MANN Mein Sohn ist in irgendeinem Konzentrationslager.

DER ANDERE Die Tochter?

DER MANN Ich habe keine Tochter.

DER ANDERE Sie schreiben Bücher? Ihr Zimmer ist voll davon.

DER MANN Ich bin Schriftsteller.

DER ANDERE Liest jemand die Bücher, die Sie schreiben?

DER MANN Man liest sie überall, wo sie verboten sind.

DER ANDERE Und wo sie nicht verboten sind?

DER MANN Haßt man sie.

DER ANDERE Beschäftigen Sie einen Sekretär oder eine Sekretärin?

DER MANN In Ihren Kreisen müssen über das Einkommen der Schriftsteller die wildesten Gerüchte zirkulieren.

DER ANDERE So befindet sich demnach zur Zeit außer Ihnen niemand in der Wohnung?

DER MANN Ich bin allein.

DER ANDERE Das ist gut. Wir brauchen absolute Ruhe. Das müssen Sie begreifen.

DER MANN Sicher.

DER ANDERE Es ist klug von Ihnen, mir keine Schwierigkeiten zu machen.

DER MANN Sie sind gekommen, mich zu töten?

DER ANDERE Ich habe diesen Auftrag.

DER MANN Sie morden auf Bestellung?

DER ANDERE Mein Beruf.

DER MANN Ich habe es immer dunkel geahnt, daß es heute in diesem Staat auch Berufsmörder geben muß.

DER ANDERE Das war immer so, Herr. Ich bin der Henker dieses Staats. Seit fünfzig Jahren.

Stille.

DER MANN Ach so. Du bist der Henker.

DER ANDERE Haben Sie jemand anders erwartet?

DER MANN Nein. Eigentlich nicht.

DER ANDERE Sie tragen Ihr Schicksal mit Fassung.

DER MANN Du drückst dich reichlich gewählt aus.

DER ANDERE Ich habe es heute vor allem mit gebildeten Leuten zu tun.

DER MANN Es tut nur gut, wenn die Bildung wieder etwas Gefährliches wird. Willst du dich nicht setzen?

DER ANDERE Ich setze mich ein wenig auf die Schreibtischkante, wenn es Sie nicht geniert.

DER MANN Tu nur wie zu Hause. Darf ich dir einen Schnaps offerieren?

DER ANDERE Danke, aber erst für nachher. Vorher trinke ich nicht. Damit die Hand sicher bleibt.

DER MANN Das sehe ich ein. Nur mußt du dich dann selbst servieren. Ich habe ihn extra für dich gekauft.

DER ANDERE Sie wußten, daß Sie zum Tode verurteilt worden sind?

DER MANN In diesem Staate ist alles zum Tode verurteilt, und es bleibt einem nichts anderes mehr übrig, als durchs Fenster in den unermeßlichen Himmel zu starren und zu warten.

DER ANDERE Auf den Tod?

DER MANN Auf den Mörder. Auf wen sonst? Man kann in diesem verfluchten Staat alles berechnen, denn nur das Primitive ist wirklich übersichtlich. Die Dinge nehmen einen so logischen Verlauf, als wäre man in eine Hackmaschine geraten. Der Ministerpräsident hat mich angegriffen, man weiß, was dies bedeutet, die Reden Seiner Exzellenz pflegen unästhetische Folgen zu haben. Meine Freunde beschlossen zu leben und zogen sich zurück, da sich jeder zum Tode verurteilt, der mich besucht. Der Staat schloß mich in das Gefängnis seiner Ächtung ein. Aber einmal mußte er die Mauern meiner Einsamkeit aufbrechen. Einmal mußte er einen Menschen zu mir schicken, wenn auch nur, um mir den Tod zu geben. Auf diesen Menschen habe ich gewartet. Auf einen, der so denkt, wie meine wahren Mörder denken. Diesem Menschen wollte ich noch einmal – zum letztenmal – sagen, wofür ich ein ganzes Leben lang gekämpft habe. Ich wollte ihm zeigen, was die Freiheit ist, ich wollte ihm beweisen, daß ein freier Mann nicht zittert. Und nun bist du gekommen.

DER ANDERE Der Henker.

DER MANN Mit dem zu reden es keinen Sinn hat.

DER ANDERE Sie verachten mich?

DER MANN Wer hätte dich je achten können, verächtlichster unter den Menschen.

DER ANDERE Einen Mörder hätten Sie geachtet?

DER MANN Ich hätte ihn wie einen Bruder geliebt, und ich hätte mit ihm wie mit einem Bruder gekämpft. Mein Geist hätte ihn besiegt in der Triumphstunde meines Todes. Aber nun ist ein Beamter zu mir durch das Fenster gestiegen, der tötet und einmal fürs Töten eine Pension beziehen wird, um satt wie eine Spinne auf seinem Sofa einzuschlafen. Willkommen, Henker!

DER ANDERE Bitte schön.

DER MANN Du wirst verlegen. Das ist verständlich, ein Henker kann nicht gut antworten: Es freut mich, Ihre Bekanntschaft zu machen.

DER ANDERE Sie fürchten sich nicht?

DER MANN Nein. Wie denkst du, die Exekution auszuführen?

DER ANDERE Lautlos.

DER MANN Ich verstehe. Es muß Rücksicht auf die Familien genommen werden, die noch in diesem Hause wohnen.

DER ANDERE Ich habe ein Messer bei mir.

DER MANN Also gewissermaßen chirurgisch. Werde ich zu leiden haben?

DER ANDERE Es geht schnell. In Sekunden ist es vorbei.

DER MANN Du hast schon viele auf diese Weise getötet?

DER ANDERE Ja. Schon viele.

DER MANN Es freut mich, daß der Staat wenigstens einen Fachmann schickt und keinen Anfänger. Habe ich noch etwas Bestimmtes zu tun?

DER ANDERE Wenn Sie sich entschließen könnten, den Kragen zu öffnen.

DER MANN Darf ich mir vorher noch eine Zigarette anzünden?

DER ANDERE Klar. Das ist Ehrensache. Das bewillige ich jedem. Es eilt auch gar nicht so mit dem andern.

DER MANN Eine Camel. Rauchst du auch eine?

DER ANDERE Erst nachher.

DER MANN Natürlich. Du machst alles erst nachher. Wegen der Hand. Dann lege ich sie zum Schnaps.

DER ANDERE Sie sind gütig.

DER MANN Zu einem Hund ist man immer gütig.

DER ANDERE Da haben Sie Feuer.

DER MANN Ich danke dir. So. Und nun ist auch der Kragen offen.

DER ANDERE Sie tun mir wirklich leid, Herr.

DER MANN Ich finde es auch etwas bedauerlich.

DER ANDERE Dabei dürfen Sie von Glück sagen, daß dies alles so ganz privat in dieser Nacht zu geschehen hat.

DER MANN Ich fühle mich auch ungemein bevorzugt.

DER ANDERE Sie sind eben ein Schriftsteller.

DER MANN Nun?

DER ANDERE Da werden Sie für die Freiheit sein.

DER MANN Nur.

DER ANDERE Dafür sind sie jetzt alle, die ich töten muß.

DER MANN Was versteht ein Henker schon von der Freiheit!

DER ANDERE Nichts, Herr.

DER MANN Eben.

DER ANDERE Sie haben Ihre Zigarette zertreten.

DER MANN Ich bin etwas nervös.

DER ANDERE Wollen Sie jetzt sterben?

DER MANN Noch eine Zigarette, wenn ich darf.

DER ANDERE Rauchen Sie nur. Die meisten rauchen vorher noch eine Zigarette und dann noch eine. Jetzt sind's amerikanische und englische. Früher französische und russische.

DER MANN Das kann ich mir denken. Zwei Zigaretten vor dem Tod und ein Gespräch mit dir, das möchte ich auch nicht missen.

DER ANDERE Obgleich Sie mich verachten.

DER MANN Man gewöhnt sich auch ans Verächtliche. Aber dann ist es höchste Zeit zum Sterben.

DER ANDERE Hier haben Sie noch einmal Feuer, Herr.

DER MANN Danke.

DER ANDERE Jeder hat eben doch ein wenig Furcht.

DER MANN Ja. Ein wenig.

DER ANDERE Und man trennt sich ungern vom Leben.

DER MANN Wenn es keine Gerechtigkeit mehr gibt, trennt man sich leicht davon. Aber von der Gerechtigkeit wirst du auch nichts verstehen.

DER ANDERE Auch nicht, Herr.

DER MANN Siehst du, ich habe nie im geringsten das Gegenteil angenommen.

DER ANDERE Die Gerechtigkeit ist eine Sache von euch da draußen, denke ich. Wer soll auch klug werden daraus. Ihr habt ja immer wieder eine andere. Da lebe ich nun fünfzig Jahre im Gefängnis. Ich werde ja erst in der letzten Zeit auch nach außen geschickt, und dies nur bei Nacht. Hin und wieder lese ich eine Zeitung. Hin und wieder drehe ich das Radio an. Dann vernehme ich vom rasenden Ablauf der Schicksale, vom unaufhörlichen Versinken und Aufsteigen der Mächtigen und Glänzenden, vom donnernden Vorbeigang ihrer Trosse, vom stummen Untergang der Schwachen, doch bei mir bleibt sich alles gleich. Immer die gleichen grauen Mauern, die gleiche rinselnde Feuchtigkeit, die gleiche schimmelnde Stelle oben an der Decke, die fast wie Europa aussieht im Atlas, der gleiche Gang durch den dunklen, langen Korridor in den Hof hinaus im fahlen Morgengrauen, die immer gleichen bleichen Gestalten in Hemd und Hose, die mir entgegengeführt werden, das immer gleiche Zögern, wenn sie mich erblicken, das immer gleiche Zuschlagen, bei Schuldigen und bei Unschuldigen: zuschlagen, zuschlagen wie ein Hammer, zuschlagen wie ein Beil, das man nicht fragt.

DER MANN Du bist eben ein Henker.

DER ANDERE Ich bin eben ein Henker.

DER MANN Was ist einem Henker schon wichtig!

DER ANDERE Die Art, wie einer stirbt, Herr.

DER MANN Die Art, wie einer krepiert, willst du sagen.

DER ANDERE Da sind gewaltige Unterschiede.

DER MANN Nenne mir diese Unterschiede.

DER ANDERE Es ist gewissermaßen die Kunst des Sterbens, nach der Sie fragen.

DER MANN Dies scheint die einzige Kunst zu sein, die wir heute lernen müssen.

DER ANDERE Ich weiß weder, ob man diese Kunst lehren kann, noch wie man sie lernt. Ich sehe nur, daß sie einige besitzen und viele nicht, daß Stümper in dieser Kunst zu mir kommen und große Meister. Sehen Sie, Herr, vielleicht wäre für mich alles leichter zu verstehen, wenn ich mehr von den Menschen wüßte, wie sie in ihrem Leben sind, was sie denn eigentlich unternehmen die ganze ungeheure Zeit über, bis sie zu mir kommen; was das heißt, heiraten, Kinder haben, Geschäfte machen, eine Ehre besitzen, eine Maschine handhaben, spielen und trinken, einen Pflug führen, Politik betreiben, sich für Ideen oder ein Vaterland aufopfern, nach Macht streben, und was man nur immer tut. Das werden gute Leute sein oder schlechte, gewöhnliche und kostspielige, so wie man eben versteht zu leben, wie es die Umstände ergeben, die Herkunft, die Religion, oder das Geld, das man gerade dazu hat, oder zu was einen der Hunger treibt. Daher weiß ich denn auch nicht die ganze Wahrheit vom Menschen, sondern nur meine Wahrheit.

DER MANN Zeig sie her, deine Henkerswahrheit.

DER ANDERE Zuerst habe ich mir das alles ganz einfach vorgestellt. Ich war ja auch nicht viel mehr denn ein dumpfes Tier, eine brutale Kraft mit der Aufgabe zu henken. Da habe ich mir gedacht: Alles, was man verlieren kann, ist das Leben, etwas anderes als das Leben gibt es nicht, der ist ein armer Teufel, der dieses

Leben verliert. Aus diesem Grunde war ich ja auch ein Henker geworden, damals vor fünfzig Jahren, um mein Leben wiederzugewinnen, das ich, aufgewachsen wie ein rohes Stück Vieh, vor dem Gericht verloren hatte, und als Gegenleistung verlangte man eben, daß ich ein tüchtiger Henker werde. Das Leben wollte doch auch verdient sein. Ich wurde Henker, wie einer da draußen bei euch Bäcker wird oder General: um zu leben. Und das Leben war das gleiche wie Henken. War das nicht ehrlich gedacht?

DER MANN Gewiß.

DER ANDERE Nichts schien mir natürlicher, als daß ein Kerl sich wehrte, wenn er sterben mußte, wenn sich zwischen ihm und mir ein wilder Kampf entspann, bis ich seinen Kopf auf dem Richtblock hatte. So starben die wilden Burschen aus den Wäldern, die im Jähzorn töteten oder einen Raubmord unternahmen, um ihrem Mädchen einen roten Rock zu kaufen. Ich verstand sie und ihre Leidenschaften, und ich liebte sie, war ich doch einer von ihnen. Da war Verbrechen in ihrem Handeln und Gerechtigkeit in meinem Henken, die Rechnung war klar und ging auf. Sie starben einen gesunden Tod.

DER MANN Ich verstehe dich.

DER ANDERE Und dann waren andere, die starben anders, obgleich es mir manchmal scheint, daß es doch ein gleiches Sterben war. Die behandelten mich mit Verachtung und starben stolz, Herr, hielten vorher prächtige Reden über die Freiheit und über die Gerechtigkeit, spotteten über die Regierung, griffen die Reichen an oder die Tyrannen, daß es einem kalt über den Rücken lief. Die, denke ich, starben so, weil sie sich im

Recht glaubten und vielleicht auch recht hatten, und nun wollten sie zeigen, wie gleichgültig ihnen der Tod war. Auch hier war die Rechnung klar und einfach: Es war Krieg zwischen ihnen und mir. Sie starben im Zorn und in der Verachtung, und ich schlug im Zorn zu, die Gerechtigkeit lag bei beiden, meine ich. Die starben einen imposanten Tod.

DER MANN Brav umgekommen! Mögen heute viele so sterben!

DER ANDERE Ja, Herr, das ist eben das Merkwürdige: Heute stirbt man nicht mehr so.

DER MANN Wie das, Schurke! Gerade heute ist jeder ein Rebell, der durch deine Hand stirbt.

DER ANDERE Ich glaube auch, daß viele so sterben möchten.

DER MANN Es steht jedem frei, zu sterben, wie er will.

DER ANDERE Nicht mehr bei diesem Tod, Herr. Da gehört durchaus Publikum dazu. Das war vorher noch so unter den vorigen Regierungen, da war die Hinrichtung ein Anlaß, zu dem man feierlich erschien: Der Richter war da, der Staatsanwalt, der Verteidiger, ein Priester, einige Journalisten, Ärzte und andere Neugierige, alle in schwarzem Gehrock, wie zu einem Staatsakt, und manchmal war sogar noch ein Trommelwirbel dabei, um die Angelegenheit recht imposant zu machen. Da lohnt es sich für den Verurteilten noch, eine zündende Schmährede zu halten, der Staatsanwalt hat sich oft genug geärgert und auf die Lippen gebissen. Aber heute hat sich das geändert. Man stirbt allein mit mir. Nicht einmal ein Priester ist dabei, und es war ja auch vorher kein Gericht. Da man mich verachtet, spricht man auch nicht mehr, und das Sterben stimmt dann auch nicht, weil die Rechnung nicht aufgeht und der Verurteilte zu kurz kommt. So sterben sie denn, wie Tiere sterben, gleichgültig, und das ist doch auch nicht die rechte Kunst. Wenn es aber doch ein Gericht gegeben hat, weil dies der Staat bisweilen braucht, und wenn einmal doch der Staatsanwalt und der Richter erscheinen, da ist der Verurteilte ein gebrochener Mann, der alles mit sich machen läßt. Das ist dann ein trauriger Tod. Es sind eben andere Zeiten gekommen, Herr.

DER MANN Andere Zeiten! Sogar der Henker nimmt dies wahr!

DER ANDERE Es wundert mich nur, was in der Welt heute denn eigentlich los ist.

DER MANN Der Henker ist los, mein Freund! Auch ich wollte sterben wie ein Held. Und nun bin ich mit dir allein.

DER ANDERE Allein mit mir in der Stille dieser Nacht.

DER MANN Auch mir bleibt nichts anderes übrig, als umzukommen, wie die Tiere umkommen.

DER ANDERE Es gibt ein anderes Sterben, Herr.

DER MANN So erzähle mir, wie man in unserer Zeit anders stirbt denn ein Tier.

DER ANDERE Indem man demütig stirbt, Herr.

DER MANN Deine Weisheit ist eines Henkers würdig! Man soll in dieser Zeit nicht demütig sein, Bube! Man soll auch nicht demütig sterben. Diese Tugend ist heute unanständig geworden. Man soll bis zum letzten Atemzug gegen die Verbrechen protestieren, die an der Menschheit begangen werden.

DER ANDERE Das ist die Sache der Lebenden, aber die Sache der Sterbenden ist eine andere.

DER MANN Die Sache der Sterbenden ist die gleiche. Da soll ich zu nächtlicher Stunde in diesem Zimmer, umgeben von meinen Büchern, von den Dingen meines Geistes, von dir, einem verächtlichen Menschen, noch vor dem ersten Morgengrauen getötet werden, ohne Anklage, ohne Gericht, ohne Verteidigung, ohne Urteil, ja ohne Priester, was doch sonst jedem Verbrecher zukommt, geheim, wie der Befehl heißt, ohne daß die Menschen es wissen dürfen, nicht einmal die, welche in diesem Hause schlafen. Und du verlangst Demut von mir! Du Narr, die Schmach der Zeit, die aus Mördern Staatsmänner und aus Henkern Richter macht, zwingt die Gerechten, wie Verbrecher zu sterben. Verbrecher kämpfen, hast du gesagt. Gut gesprochen, Henker! Ich werde mit dir kämpfen.

DER ANDERE Es ist sinnlos, mit mir zu kämpfen.

DER MANN Daß nur noch der Kampf mit dem Henker einen Sinn hat, macht diese Zeit so barbarisch.

DER ANDERE Sie treten zum Fenster.

DER MANN Mein Tod soll in dieser Nacht nicht versinken wie ein Stein versinkt, lautlos, ohne Schrei. Mein Kampf soll gehört werden. Ich will durch dieses offene Fenster in die Straße hineinschreien, hinein in diese unterjochte Stadt! *Er schreit* Hört, ihr Leute, hier kämpft einer mit seinem Henker! Hier wird einer wie ein Tier abgeschlachtet! Leute, springt aus euren Betten! Kommt und seht, in welchem Staat wir heute leben!

Stille.

DER MANN Du hinderst mich nicht?

DER ANDERE Nein.
DER MANN Ich schreie weiter.
DER ANDERE Bitte.
DER MANN *unsicher* Du willst nicht mit mir kämpfen?
DER ANDERE Der Kampf wird beginnen, wenn meine Arme dich umfangen.
DER MANN Ich sehe! Die Katze spielt mit einer Maus. Hilfe!

Stille.

DER ANDERE Es bleibt still auf der Straße.
DER MANN Als ob ich nicht geschrien hätte.
DER ANDERE Es kommt niemand.
DER MANN Niemand.
DER ANDERE Nicht einmal im Hause hört man etwas.
DER MANN Keinen Schritt.

Stille.

DER ANDERE Schreien Sie ruhig noch einmal.
DER MANN Es hat keinen Sinn.
DER ANDERE Jede Nacht schreit einer so wie Sie in die Straßen dieser Stadt hinein, und niemand hilft ihm.
DER MANN Man stirbt heute allein. Die Furcht ist zu groß.

Stille.

DER ANDERE Wollen Sie sich nicht wieder setzen?
DER MANN Es bleibt mir wohl nichts anderes übrig.
DER ANDERE Sie trinken Schnaps.

DER MANN Das tut gut, wenn man sich auf einen Kampf mit dir vorbereitet. Da, Lumpenhund! *Er speit.*

DER ANDERE Sie sind verzweifelt.

DER MANN Ich speie dir Schnaps ins Gesicht, und du bleibst ruhig. Es bringt dich nichts aus der Fassung.

DER ANDERE Ich muß diese Nacht auch nicht sterben, Herr.

DER MANN Der Henker bleibt ewig leben. Ich habe bis jetzt mit jenen Waffen gekämpft, die eines Mannes würdig sind, mit den Waffen des Geistes: Ich war ein Don Quijote, der mit einer guten Prosa gegen eine schlechte Bestie vorging. Lächerlich! Nun muß ich, schon erlegt und schon von ihren Pranken zerfetzt, mit meinen Zähnen zubeißen, ein ebenso zukunftsreiches Unternehmen. Welche Komödie! Ich kämpfe für die Freiheit und besitze nicht einmal eine Waffe, um den Henker in meiner Wohnung über den Haufen zu schießen. Darf ich noch eine Zigarette rauchen?

DER ANDERE Sie brauchen nicht zu fragen, Herr, wenn Sie doch mit mir kämpfen wollen.

Stille.

DER MANN *leise* Ich kann nicht mehr kämpfen.

DER ANDERE Das müssen Sie auch nicht.

DER MANN Ich bin müde.

DER ANDERE Das wird jeder einmal, Herr.

DER MANN Verzeih, daß ich dir den Schnaps ins Gesicht spie.

DER ANDERE Ich verstehe das.

DER MANN Du mußt Geduld mit mir haben. Das Sterben ist eine gar zu schwere Kunst.

DER ANDERE Sie zittern, und das Streichholz bricht in Ihrer Hand immer wieder entzwei. Ich werde Ihnen Feuer geben.

DER MANN Wie die zwei vorigen Male.

DER ANDERE Genauso.

DER MANN Danke. Noch diese. Dann werde ich dir keine Schwierigkeiten mehr machen. Ich habe mich dir ergeben.

DER ANDERE Wie die Demütigen, Herr.

DER MANN Wie meinst du das?

DER ANDERE Nichts ist so schwer zu verstehen wie die Demütigen, Herr. Schon bis man sie nur erkennt, geht es lange. Zuerst habe ich sie immer verachtet, bis ich erkannte, daß sie die großen Meister des Sterbens sind. Wenn man wie ein gleichgültiges Tier stirbt, so ergibt man sich mir und läßt mich zuschlagen, ohne sich zu wehren. Das tun auch die Demütigen, und doch ist es anders. Es ist nicht ein Sich-Ergeben aus Müdigkeit. Zuerst dachte ich: Das kommt von der Angst. Aber gerade die Demütigen haben keine Angst. Endlich glaubte ich herausgefunden zu haben: Die Demütigen waren die Verbrecher, die ihren Tod als eine Strafe hinnahmen. Merkwürdig war nur, daß auch Unschuldige so starben, Menschen, von denen ich genau wußte, daß mein Zuschlagen ungerecht befohlen war.

DER MANN Das verstehe ich nicht.

DER ANDERE Auch mich hat das verwirrt, Herr. Bei der Demut der Verbrecher war es mir klar, aber daß auch ein Unschuldiger so sterben konnte, begriff ich nicht, und doch starben sie ebenso, als geschähe kein Verbrechen an ihnen und als bestände ihr Tod zu Recht; ich fürchtete mich eine Zeitlang, wenn ich zuschlagen mußte, und ich haßte mich geradezu, wenn ich es tat, so irrsinnig und unbegreiflich war dieser Tod. Mein Zuschlagen war sinnlos.

DER MANN *müde und traurig* Narren! Es waren Narren! Was nützt so ein Tod? Wenn man einmal vor dem Henker steht, ist es gleichgültig, welche Pose man annimmt. Die Partie ist verloren.

DER ANDERE Das glaube ich nicht.

DER MANN Du bist bescheiden, Henker. Doch heutzutage bist du der große Sieger.

DER ANDERE Ich kann Ihnen nur sagen, was ich von denen gelernt habe, die unschuldig starben und demütig, Herr.

DER MANN Ei! Du lernst auch noch von den Unschuldigen, die du tötest? Das nenne ich praktisch!

DER ANDERE Ich habe keinen ihrer Tode vergessen.

DER MANN Da mußt du ein riesiges Gedächtnis haben.

DER ANDERE Ich denke an nichts anderes.

DER MANN Was lehrten dich die Unschuldigen und Demütigen?

DER ANDERE Was ich besiegen kann und was unbesiegbar ist.

DER MANN Deine Macht findet ein Ende?

Stille.

DER MANN Nun? Du zögerst? Wenn wir so auf den Hund gekommen sind, daß nur noch die Henker philosophieren, laß hören.

DER ANDERE Die Macht, Herr, die mir gegeben worden ist und die ich mit meinen Händen ausübe, der silberne Halbkreis des niederfallenden Beils, der Blitz des zustoßenden Messers in der Tiefe der Nacht oder die sanfte Schlinge, die ich um einen Hals lege, ist nur ein kleiner Teil der Macht derer, die auf dieser Erde den Menschen vergewaltigen. Alle Gewalttat ist sich gleich, und so ist meine Macht auch die der Mächtigen: Wenn ich töte, töten sie durch mich, sie sind oben, und ich bin unten. Ihre Vorwände sind verschieden, vom Geistigsten, Erhabensten bis zum Gemeinsten reichend; ich bin ohne Vorwand. Sie bewegen die Welt, ich bin die ruhende Achse, um die sich ihr fürchterliches Rad dreht. Sie herrschen, und auf dem Grund ihrer Schrecken liegt mein schweigendes Antlitz; in meinen geröteten Händen erhielt ihre Gewalt ihre letzte, endgültige Form, wie der Eiter sich in einer Beule sammelt. Ich bin da, weil alle Gewalttat böse ist, und so, wie ich hier im Schein der nächtlichen Lampe auf diesem Schreibtisch vor meinem Opfer sitze und unter dem Mantel aus altem Tuch ein Messer umklammere, verachtet man mich, denn die Schande ist von den Gewaltigen der Erde genommen und hinunter auf meine Schultern gesenkt, damit ich ihrer aller Schande trage. Mich fürchtet man, aber die Mächtigen werden nicht nur gefürchtet, sondern auch bewundert; beneidet genießen sie ihre Schätze, denn die Macht verführt, so daß man liebt, wo man hassen sollte. So schließen sich Helfer und Helfershelfer an die Gewaltigen, wie Hunde schnappen sie nach den Brocken der Macht, die der Gewaltige fallen läßt, sich ihrer zu bedienen. Der Obere lebt von der entlehnten Macht des Untern und umgekehrt, ein dunkles Gefüge von Gewalt und Furcht, von Gier und Schmach, das alle umspannt und endlich einen Henker gebiert, den man mehr fürchtet als mich: die Tyrannei, die immer neue Massen in die endlosen Reihen ihrer Schinderhütten treibt, sinnlos, weil sie nichts ändert, sondern nur vernichtet, denn eine Gewalttat bewirkt eine andere, eine Tyrannei eine andere, immer wieder, immer aufs neue, wie die sinkenden Spiralen der Hölle!

DER MANN Schweig!

DER ANDERE Sie wollten, daß ich rede, Herr.

DER MANN *verzweifelt* Wer könnte dir entgehen!

DER ANDERE Ihren Leib kann ich nehmen, Herr, der ist der Gewalt verfallen, denn alles, was in Staub zerfällt, ist ihr unterworfen, aber wofür Sie gekämpft haben, darüber habe ich keine Macht, denn es gehört nicht dem Staub. Dies ist, was ich, ein Henker, ein verachteter Mensch, von den Unschuldigen lernte, die mein Beil fällte und die sich nicht wehrten: Daß einer in der Stunde seines ungerechten Todes den Stolz und die Angst, ja auch sein Recht ablegt, um zu sterben, wie Kinder sterben, ohne die Welt zu verfluchen, ist ein Sieg, der größer ist, als je ein Sieg eines Mächtigen war. Am leisen Hinsinken der Demütigen, an ihrem Frieden, der auch mich umschloß wie ein Gebet, an der Ungeheuerlichkeit ihres Sterbens, das jeder Vernunft widersprach, an diesen Dingen, die nichts sind vor der Welt als ein Gelächter, weniger noch, ein Achselzucken, offenbarte sich die Ohnmacht der Ungerechten, das Wesenlose des Todes und die Wirklichkeit des Wahren, über die ich nichts vermag, die kein Scherge ergreift und kein Gefängnis umschließt, von der ich nichts weiß, als daß sie ist, denn jeder Gewalttätige ist eingeschlossen in das dunkle, fensterlose Verlies seiner selbst. Wäre der Mensch nur Leib, Herr, es wäre einfach für die Mächtigen; sie könnten ihre Reiche erbauen, wie man Mauern baut, Quader an Quader gefügt zu einer Welt aus Stein. Doch wie sie auch bauen, wie riesenhaft nun auch ihre Paläste sind, wie übermächtig auch ihre Mittel, wie kühn ihre Pläne, wie schlau ihre Ränke, in die Leiber der Geschändeten, mit denen sie bauen, in dieses schwache Material ist das Wissen eingesenkt, wie die Welt sein soll, und die Erkenntnis, wie sie ist, die Erinnerung, wozu Gott den Menschen schuf, und der Glaube, daß diese Welt zerbrechen muß, damit sein Reich komme, als eine Sprengkraft, mächtiger denn jene der Atome, die den Menschen immer wieder umprägt, ein Sauerteig in seiner trägen Masse, der immer wieder die Zwingburgen der Gewalt sprengt, wie das sanfte Wasser die Felsen auseinanderzwängt und ihre Macht zu Sand zermahlt, der in einer Kinderhand zerrinnt.

DER MANN Binsenwahrheiten! Nichts als Binsenwahrheiten!

DER ANDERE Es geht heute nur um Binsenwahrheiten, Herr.

Stille.

DER MANN Die Zigarette ist zu Ende.
DER ANDERE Noch eine?
DER MANN Nein, nicht mehr.
DER ANDERE Schnaps?
DER MANN Auch nicht.
DER ANDERE Nun?
DER MANN Schließ das Fenster. Draußen fährt die erste Straßenbahn.

DER ANDERE Das Fenster ist zu, Herr.

DER MANN Ich wollte zu meinem Mörder erhabene Dinge sprechen, nun hat der Henker zu mir einfache Dinge gesprochen. Ich habe für ein besseres Leben auf dieser Erde gekämpft, dafür, daß man nicht ausgebeutet wird wie ein Tier, welches man vor den Pflug spannt: Da, geh, schaff Brot für die Reichen! Im weitern, daß die Freiheit sei, damit wir nicht nur klug wie die Schlangen, sondern auch sanft wie die Tauben sein können, und endlich, daß man nicht krepiere in irgendeiner Schinderhütte, auf irgendeinem lehmigen Feld oder gar in deinen roten Händen; daß man diese Angst, diese unwürdige Angst nicht durchmachen muß, die man vor deinem Handwerk hat. Es war ein Kampf um Selbstverständlichkeiten, und es ist eine traurige Zeit, in der man um das Selbstverständliche kämpfen muß. Aber wenn es einmal soweit ist, daß dein riesiger Leib aus einem leeren Himmel in das Innere unseres Zimmers steigt, dann darf man wieder demütig sein, dann geht es um etwas, das nicht selbstverständlich ist: um die Vergebung unserer Sünden und um den Frieden unserer Seele. Das weitere ist nicht unsere Sache, es ist aus unseren Händen genommen. Unser Kampf war ein guter Kampf, aber unser Unterliegen war ein noch besseres Unterliegen. Nichts ist verloren von dem, was wir taten. Immer aufs neue wird der Kampf aufgenommen, immer wieder, irgendwo, von irgendwem und zu jeder Stunde. Geh, Henker, lösch die Lampe, der erste Strahl des Morgens wird deine Hände führen.

DER ANDERE Wie Sie es wünschen, Herr.

DER MANN Es ist gut.

DER ANDERE Sie stehen auf.

DER MANN Ich habe nichts mehr zu sagen. Es ist soweit. Nimm jetzt das Messer.

DER ANDERE Sind Sie wohl in meinem Arm, Herr?

DER MANN Sehr wohl. Stoß zu.

Stranitzky und der Nationalheld

Ein Hörspiel

Die Stimmen

Der Ansager
Der Innenminister
Stranitzky
Der Herr mit dem Vollbart
Korbmacher
Anton
Die Marie
Zeitungsausrufer
Plakettenverkäufer
Der Polizist
Chefredaktor Donner
Der Nationalheld
J. P. Whiteblacke
Fleischer
Fräulein Luise
Eine Stimme aus dem Hintergrund
Seewein
Baß
Eine Radiosprecherin

Geschrieben 1952

DER ANSAGER Diese Geschichte handelt von der Erkrankung unseres Nationalhelden Baldur von Moeve, den alle Welt kennt und von dem die ganze Welt spricht, und von einem Invaliden, den niemand kennt. Die Krankheit des Nationalhelden ist sensationell,

DER INNENMINISTER – heimtückisch,

DER ANSAGER – wie sich unser Innenminister in seiner Radioansprache ausdrücken wird,

DER INNENMINISTER – doch darf

DER ANSAGER – wird der Minister hinzufügen,

DER INNENMINISTER – unser Nationalheld gewiß sein, daß ihn in dieser harten Prüfung die Liebe und die Verehrung der ganzen Nation trägt.

DER ANSAGER Während der Fall des Invaliden namens –

STRANITZKY *bescheiden* Stranitzky

DER ANSAGER – Stranitzky nur einer von vielen ist, bedauernswert, gewiß, doch die Zeiten waren nicht leicht, wir haben alle was durchgemacht. Die Geschichte beginnt in einem östlichen Viertel unserer Hauptstadt, in der Nähe der Seifenfabrik Huber und des Schlüpferkonzerns Diana und Co., hoch in einem Mietshaus, oftmals beschädigt durch die peinlichen Unglücksfälle der Epoche, wunderbarerweise noch nicht gerade zusammengestürzt. Wir befinden uns in einer Mansarde des fünften Stocks, Nummer vierzehn, morgens um halb sechs. Das Haus ist lärmig. Dazu macht sich der Geruch der vielen Aborte bemerkbar. Eben ist nebenan in Nummer fünfzehn der ewig betrunkene Herr mit dem Vollbart heimgekehrt, dessen Beruf niemand weiß.

DER BETRUNKENE *grölend* Die Luise, so wunderschön wie diese –

DER ANSAGER Während Fräulein Müller, Luise Müller, deren Beruf wir alle wissen, Nummer dreizehn eben verläßt, begleitet – schweigen wir von dieser Szene. Überall Kindergeschrei –

Man hört Kinder schreien.

DER ANSAGER Das Radio im vierten Stock spielt Chopins Trauermarsch –

Man hört den Trauermarsch.

DER ANSAGER Und in der Wohnung gerade unter der Mansarde haben Korbmachers Streit, wie jeden Morgen um diese Zeit.

KORBMACHER Du Ratte! Du Nachteule!

Man hört Geschirr zerschlagen.

DER ANSAGER In der Mansarde Nummer vierzehn nun, durchzittert von diesem Lärm, diesem Kindergeschrei, diesem betrunkenen Gesang und diesem Trauermarsch, durchdröhnt jedoch auch vom Schnarchen eines riesenhaften Menschen, der zerlumpt auf einer löcherigen Matratze schläft, liegt der Invalide –

STRANITZKY *bescheiden* Stranitzky

DER ANSAGER – Stranitzky, ebenfalls auf einer löchrigen Matratze, jener des Schnarchenden gegenüber, notdürftig zugedeckt von einem alten Militärmantel, und läßt in diesem Augenblick vor Aufregung die Zeitung sinken.

STRANITZKY Wahrhaftig, die Zeitung fällt mir aus den Händen, so bin ich aufgeregt, denn ich habe eben die Trauermeldung über den Baldur von Moeve gelesen, unseren Nationalhelden! Wie gut, daß ich die Zeitung gestern abend auf dem Rückweg von der Suppenanstalt habe in der Straßenrinne liegen sehen. Anton, habe ich zu meinem wackeren Matrosen gesagt, der meinen Wagen durch die Straßen unserer Hauptstadt stößt und mich wie ein kleines Kind die fünf Stockwerke hoch trägt, dem ich meine Augen leihe, damit er mir seine Beine gibt in diesem verfluchten Geschäft, he, Anton, sagte ich, da liegt eine Zeitung. Mußt dich nur bücken mit deinen zwei Metern zehn, die du lang bist, und dann etwas nach links greifen, da hast du sie. Ich will doch sehen, morgen, wenn gegen halb sechs der Tag kommt und du noch schnarchst, was die Weltgeschichte uns Neues bringt dafür, daß sie dir die Augen genommen hat und mir beide Beine. Und nun, wie der Morgen kommt, mit dem Gesang vom Herrn mit dem Vollbart und mit dem Streit bei Korbmachers, und wie ich die Zeitung aufschlage, da lese ich gleich die Meldung. Hier, auf der ersten Seite, mit großen Buchstaben. He, Anton, wach auf!

ANTON Was ist?

STRANITZKY Eine Sensation, Anton, eine Chance!

ANTON Was Sensation! Was Chance! Kann ich eine größere Sensation haben als eben gerade im Traum? Da schwimme ich fünfzig Fuß unter der Meeresoberfläche in meinem Taucheranzug, der verlorenging, als die Gloria in die Luft flog und dazu meine wasserblauen Augen in einen noch blaueren Himmel hinein. Eben schwebe ich auf ein Wrack zu, das im Korallengeäst hängt, von Tintenfischen umkränzt mit meterlangen, ringelnden Armen, und da mußt du mich stören mit deinem He, Anton, wach auf! Das wäre eine Chance gewesen, Stranitzky, dieses Gold, das mir da, während ich schnarche, aus zerborstenen Kisten zwischen Seesternen und Medusen entgegenleuchtete.

STRANITZKY Und du wachst auf aus deinem Schlaf und fort ist das Gold! Was gehen mich deine Träume an! Ich habe dir eine wirkliche Chance zu bieten diesen Morgen, die unser Glück ist und das der Welt obendrein. Hörst du den Trauermarsch?

Man hört den Trauermarsch von Chopin.

ANTON Ich verstehe. Wenn der im Radio kommt, ist wer Wichtiges gestorben.

STRANITZKY Viel günstiger. Der Moeve ist aussätzig geworden.

ANTON Der Moeve?

STRANITZKY Unser Nationalheld.

ANTON Wie soll der in unserer Gegend aussätzig geworden sein?

STRANITZKY Der war doch in Abessinien, wo er die Bevölkerung besuchen mußte, um sein soziales Mitgefühl zu zeigen. Dabei ist er etwas zu weit gegangen in seinem Eifer. Er betrat barfuß, nach der Sitte des Landes, eine Hütte und ist davon aussätzig geworden.

ANTON Wo denn?

STRANITZKY An der großen Zehe vom linken Fuß.

ANTON Und das soll eine Chance sein?

STRANITZKY Einfach, Anton, ganz einfach: unser Glück kommt daher, daß wir als Invalide nichts zu sagen haben.

ANTON Ich will auch nichts zu sagen haben.

STRANITZKY Weil du immer gleich einschläfst und von deinen Tintenfischen träumst. Aber ich schlafe schlecht, Anton, ich bin ein wacher Mensch. Ich denke über unser Elend nach. Wir sind nichts, das ist unser Pech. Auf uns hört niemand, der Grund unseres Übels. Aber nun ist alles anders geworden. Nun gehört der Moeve zu uns. Er ist aussätzig, und wir sind invalid. Er wird uns nun verstehen. Wir gehen zu Moeve. In der Bethlehemklinik liegt er, steht in der Zeitung.

ANTON Was sollen wir dort?

STRANITZKY Der Moeve muß mit uns eine Regierung bilden.

ANTON Eine Regierung?

STRANITZKY Wir werden Minister.

ANTON Minister?

STRANITZKY Was denn sonst? Ich bin Fußballspieler gewesen und du ein Marinetaucher. Aber kann ich etwa noch Fußball spielen ohne Beine und du in deine Meere tauchen ohne Augen? Das sollen jetzt die Gesunden tun. Zum Regieren braucht man keine Glieder.

ANTON *lacht* Das wird unser Nationalheld einsehen!

STRANITZKY Der Aussatz hat ihm die Augen über unser Elend geöffnet. So eine Krankheit läutert.

ANTON *vorsichtig* Und wann willst du zu ihm gehen?

STRANITZKY Noch heute.

ANTON Unsinn, Stranitzky, lauter Unsinn! Wieder eine deiner unmöglichen Ideen!

STRANITZKY Es sollen jetzt einmal die nach oben kommen, welche die Weltgeschichte am eigenen Leib erfahren haben. Und das sind wir!

ANTON Wir verstehen ja gar nicht zu regieren!

STRANITZKY Was heißt: wir, Anton? Die Hauptsache ist, daß ich es verstehe. Was meinst du denn, was ich in den Nächten getan habe, während du schnarchtest? Regiert habe ich, wenn auch nur in Gedanken. Regierungsprogramme habe ich entworfen, soziale Reformen durchgeführt, du wirst einmal staunen, Reden gehalten, und wenn ich einschlief gegen den Morgen, so träumte ich nicht so nutzloses Zeug wie du. Ich träumte praktisch. Ich reiste von einer Konferenz zur andern. Laß mich nur machen. Ich weiß, wie man eine Chance ausnützt. Als ich gegen die Spanier drei Tore schoß –

EINE FRAUENSTIMME Herr Stranitzky, Herr Anton!

STRANITZKY Herr Stranitzky! Herr Anton! Hörst du? Das ist das Fräulein Marie von der Mansarde Nummer neunzehn.

MARIE Schönen guten Morgen, Herr Stranitzky, schönen guten Morgen, Herr Anton.

STRANITZKY Schönen Morgen, Fräulein Marie! Wir haben uns lange nicht gesehen. Drei Wochen war die Mansarde Nummer neunzehn leer.

MARIE Ich hatte die Stelle verloren, Herr Stranitzky, bei der Seifenfabrik und war bei meiner Schwester. Aber nun kann ich beim Schlüpferkonzern Diana und Co. eintreten, und so bin ich wieder da.

STRANITZKY Das gefällt mir nicht. Ein Schlüpferkonzern ist nichts für Sie, Fräulein Marie.

MARIE Ich kann die Arbeitssäle und die Treppen fegen, Herr Stranitzky, für dreißig Pfennig die Stunde.

STRANITZKY Die Arbeitssäle und die Treppen für dreißig Pfennig! Fräulein Marie, ich bin ein armer Teufel, denken Sie, ein Beinloser, den ein Blinder durch die Straßen schiebt und der vor der zusammengeschossenen Kathedrale des heiligen Sebastian sitzt und den Leuten einen Blechteller unter die Nase hält. Stimmt, haargenau stimmt das. Aber wenn Sie mich, Fräulein Marie, nun einmal, wenn Sie die Augen schließen, mit zwei Beinen denken, dazu noch im rotschwarzen Leibchen des F. C. Patria, da müssen Sie sich doch sagen, daß ich ein Kerl wäre, ein strammer Kerl.

MARIE *verlegen* Herr Stranitzky!

STRANITZKY Ein so strammer Kerl, Fräulein Marie, daß ich dem Direktor des Schlüpferkonzerns die Zumutung heimzahlen würde, ein so sympathisches Fräuleinchen, wie Sie es nun einmal sind, mit Treppenputzen zu beschäftigen.

MARIE *schüchtern* Herr Stranitzky!

STRANITZKY Sie werden rot, Fräulein Marie! Siehe, das kann ich begreifen: so ein Fräuleinchen wird verlegen, wenn ihr ein Mann ohne Beine eine Liebeserklärung macht. Aber es ist auch nur eine Liebeserklärung für den Fall, daß ich meine Beine hätte, um Ihnen zu zeigen, was ich für ein Mensch wäre, wenn meine Beine nicht in Usbekistan lägen, verscharrt unter irgendeinem Sandhügel.

MARIE *eifrig* Aber Sie können doch die Beine haben, Herr

Stranitzky, direkt vom Staat, das hat mir der Herr gesagt von der Invalidenfürsorge.

STRANITZKY Ich kenne diesen Herrn. Der ist auch zu mir gekommen, Fräulein Marie, mit seinem Spruch. Gut, sagte ich, der Staat will mir meine Beine zurückgeben. Das ist anständig. Das ist ein reelles Geschäft. Was sind das für Beine? Gute Prothesen, sagte er, und ich fragte: Kann ich damit Fußball spielen? Er antwortete, man habe mit diesen Prothesen schon Berge bestiegen. Ich bin kein Bergsteiger, sagte ich, ich bin Fußballspieler. Kann ich damit wieder in der ersten Mannschaft des F. C. Patria Links-Verbinder spielen? Herr Stranitzky, antwortete der Mann von der Invalidenfürsorge, das ist ein unmögliches Verlangen. Dann will ich auch die Beine nicht, sagte ich. Ich habe mit meinen Beinen verdient, das war mein Geschäft, und so will ich auch mit den neuen Beinen wieder verdienen können. Der Staat soll mir gleichwertige Beine liefern, wenn er sie mir genommen hat, keine andern, oder ich bleibe, wie ich bin, ein lebendiges Denkmal, daß der Staat an mir ein Verbrechen begangen hat.

MARIE *weinend* Ich habe Sie doch gern, Herr Stranitzky!

STRANITZKY Nicht weinen, Fräulein, nicht weinen. Wer weiß, was noch kommt, wer weiß, was der Stranitzky im Sinn hat, zu was er es noch bringt, wenn einmal die Chance kommt, die große, einmalige Chance! Nicht umsonst habe ich gegen die Spanier vier Tore geschossen! Und die Chance ist gekommen. Und nicht nur für mich, sondern auch für Sie und den langen Anton. Mariechen, Mariechen, Mariechen, hören Sie nicht die wunderschöne Trauermusik im Radio bei Fleischers, schon den ganzen Morgen, und wie nun der Innenminister eine Rede hält?

DER INNENMINISTER – heimtückisch, doch darf unser Nationalheld gewiß sein, daß ihn in dieser harten Prüfung die Liebe und die Verehrung der ganzen Nation trägt. Wir werden dem Helden von Finsterwalde und Saint Plinplin die Treue bewahren, auch wenn er jetzt aussätzig ist, um das furchtbare, uns niederschmetternde Wort einmal auszusprechen. Gerade in dieser Stunde geloben wir –

DER ANSAGER Lassen wir den Innenminister seine vielbeachtete und im Lauf des Tages öfters im Rundfunk wiederholte Rede halten, lassen wir aber auch den Invaliden Stanislawsky –

STRANITZKY *bescheiden* Stranitzky

DER ANSAGER – Stranitzky mit seiner wilden Hoffnung, mit seiner Marie und dem blinden Taucher Anton in der Mansarde Nummer vierzehn zurück und wenden wir uns der Öffentlichkeit zu. War zwar der Nationalheld im Verlauf der Zeit etwas aus der Mode gekommen, ja belächelte man ihn eigentlich bei uns im geheimen als ein Museumsstück, das als Staatsoberhaupt bei Denkmalseinweihungen, Staatsbesuchen und anderen patriotischen Feiern wohl noch dekorativ wirkte, aber doch nicht mehr recht ernst zu nehmen war, so stellte nun seine Erkrankung den schon verblaßten Ruhm glücklich wieder her, voll und ganz: nie war Moeve so populär wie gerade jetzt. Sein Brustbild – er weist das gleiche schräge Lächeln wie Clark Gable auf, während sein Gesicht sonst doch eigentlich mehr an Goethe erinnert – sein Brustbild klebte mit einem Schlag an allen Mauern und hing in allen Zimmern. Die Zeitungen überboten sich mit Artikeln und Sondermeldungen. Ärztekongresse traten zusammen. Streiks um bessere Löhne wurden abgesagt mit dem Hinweis darauf, daß in Anbetracht der Krankheit unseres Nationalhelden materielle Streitigkeiten nicht am Platze seien. Komitees bildeten sich, durch die Straßen zogen Kinder mit Sprechchören, eine Plakette der Pro-Moeve-Gesellschaft wurde verkauft mit der Inschrift: Moeve darf nicht vermodern! Ein Moeve-Fonds wurde gegründet. Kurz, die Aufregung über die in unserer Gegend so seltene und die Phantasie so beschäftigende Krankheit war groß, und daher war es nicht verwunderlich, daß die beiden Invaliden mehr denn gewöhnlich übersehen wurden, daß kein einziges Geldstück in ihren schäbigen Blechteller fiel, wie sie den hoffnungsvollen Weg mitten durch unsere Hauptstadt über endlose Asphaltwüsteneien, glühend in der Sonne, nach der Klinik Bethlehem unternahmen, wo unser Nationalheld lag: der Blinde den Wagen des Beinlosen schiebend, der Beinlose den Blinden lenkend.

DIE ZEITUNGSAUSRUFER Mittagsblatt: Die Erkrankung unseres Nationalhelden eine abessinische Form der Lepra. ›Die Zeit‹! ›Die Zeit‹! Interview mit dem Lepraspezialisten Moderzahn!

STRANITZKY

Einst schoß ich dreizehn Bälle
In einem Spiel ins Tor
Und kam uns kleinen Leuten
Wie'n großer König vor

Ich war auf alle Fälle
Ein Kerl, der etwas galt

Ich hatte meine Bräute
Und wurde gut bezahlt

Da kam ein ander Spielchen
Das Spiel der großen Herrn
Die Bälle, die sie schossen
Die sahen wir nicht gern

Da zahlten wir die Gage
Und die war gar zu groß
Da wurdet ihr der Kinder
Und ich der Beine los

EIN KNABE Pro-Moeve-Plakette! Kauft die Pro-Moeve-Plakette!

STRANITZKY Rechts abbiegen, Anton, rechts! Nach der Kathedrale des heiligen Sebastian!

ANTON

Ich war auf dreizehn Meeren
In wundersamer Fahrt
Den Tintenfisch im Haare
Korallen rot im Bart

Es tanzten leis Galeeren
Voll Gold und Menschenbein
In blauer Wellen Tiefe
Und ließen mich hinein

Da kam ein ander Tauchen
Uns tauchten große Herrn
Die Meere wurden blutig
Das sahen wir nicht gern

Da zahlten wir die Heuer
Doch die war gar zu groß
Da wurdet ihr der Kinder
Und ich der Augen los

STRANITZKY Nach links, Anton, am Gaswerk vorbei!

ANTON Nichts. Keinen Pfennig. Niemand gibt was.

STRANITZKY Dafür kauft man Moeve-Plaketten, Anton, schon den ganzen Tag, du solltest nicht so verzweifelt sein.

AUSRUFER Moeve-Stiftung, spendet für die Moeve-Stiftung!

ANTON Ich habe Hunger.

STRANITZKY Hunger! Unter diesen Umständen! Bist du etwa aussätzig wie der Moeve?

EIN AUSRUFER ›Die Epoche‹! Beileidschreiben der UNO!

ANTON Merkwürdig. Noch gestern hörte man die Zeitungsverkäufer nur von der Wirtschaftskrise schreien und jetzt nichts als Moeve.

STRANITZKY Das verstehst du nicht, Anton. Da hat mir ein Zeitungsverkäufer eine Illustrierte geliehen, und darin ist die Zehe unseres Nationalhelden abgebildet, die aussätzige. Die größte Wirtschaftskrise ist eine Kleinigkeit, wenn so was an einem wuchert.

ANTON Das ist in der Illustrierten abgebildet?

STRANITZKY Farbig zum Teil. Den Gesichtsausdruck des Nationalhelden solltest du sehen, diese Fassung!

ANTON Liegt er denn auf einer Matratze?

STRANITZKY Matratze? Bei der Krankheit? Er sitzt in einem amerikanischen Krankenstuhl, den er in alle nur wünschbaren Lagen drehen kann, mit Tischen überall an den Lehnen, mit Lampen über dem Kopf, mit eingebautem Telephon und mit einem elektrischen

Motor, im Garten herumzufahren. Das solltest du sehen, Anton, diesen Krankenstuhl.

ANTON Wie sehen denn die Krankenschwestern aus?

STRANITZKY Mädchen sind das! Da steht dir der Verstand still. Gewachsen, sag ich dir! Es sind aber auch Ehrenkrankenschwestern, heißt es. Eine sei eine Tänzerin und eine andere die Prinzessin von Teuffelen. Zehn solche Krankenschwestern hat er! Und dabei die Haltung! Geradeaus, Anton, du mußt nun immer schön geradeaus gehen.

ANTON *bitter* Mein Gott, Stranitzky, wenn ich nur aussätzig wäre und dabei Nationalheld, und den amerikanischen Krankenstuhl mit dem elektrischen Motor könntest du auch brauchen.

STRANITZKY *empört* Anton! Versündige dich nicht! Bei der Krankheit! Da können wir noch von Glück reden, daß wir nur die Beine verloren haben und die Augen. Aber wir müssen wieder singen, Anton, und den Blechteller hinhalten, da kommt der dicke Bierbrauer Bunzhofer. Sing, Anton, sing!

ANTON

Ich taucht in Ozeane
Durch grünen Tang zum Grund
Und über mir die Sonne
Schien fern und bleich und rund

Es tanzten leis Galeeren
Voll Gold und Menschenbein
In blauer Wellen Tiefe
Und ließen mich hinein

Nichts! Wieder nichts! Nur eine Moeve-Plakette hat der Bierbrauer gekauft!

DER ANSAGER Nichts. Wieder nichts. Nur Pro-Moeve-Plaketten wurden verkauft, und wie die beiden Invaliden spät am Nachmittag vor die Bethlehemklinik gelangten, hatten sie immer noch nichts verdient und noch immer nichts gegessen. Vor der Klinik stand ein Polizist, der die Neugierigen fernhielt. Der Nationalheld mußte Ruhe haben.

DER POLIZIST Weitergehen. Weitergehen.

STRANITZKY So. Da wäre die Bethlehemklinik. In diesem Park und ein schöner Polizist vor dem Eingang. Ein braver Polizist mit einem weißen Helm und einem kleinen braunen Schnauz unter der Nase. Weiße Handschuhe hat er auch. Der gefällt mir, Anton, den werde ich zum Polizeileutnant befördern, wenn ich an der Regierung bin, ich habe nun einmal ein Faible für Polizisten.

DER POLIZIST Weitergehen. Weitergehen.

ANTON Komm, Stranitzky. Ich stoße dich weiter. Der läßt uns nicht durch. Es gibt nichts Schwereres, als einen Nationalhelden zu besuchen. Wir sind keine schönen Damen.

DER POLIZIST Weitergehen. Weitergehen.

STRANITZKY Ich weiß, was ich tue. Ich habe eine Übung, mit der Polizei umzugehen. Ich bin nicht umsonst Ehrenmitglied des Polizeisportvereins geworden, als ich gegen die Spanier fünf Tore schoß.

DER POLIZIST Weitergehen.

STRANITZKY Herr Polizist. Hier befindet sich die Klinik Bethlehem, nicht wahr?

DER POLIZIST Weitergehen. Der Nationalheld braucht Ruhe. Weitergehen.

STRANITZKY So ist es gut. Pflichterfüllung bis zum letzten. Ich habe Verständnis dafür. In einem gesunden Staat muß das sein. Sie staunen, Herr Polizist, über meine Worte. Begreiflich. Wir sind noch etwas sehr verlumpt, das gebe ich zu, und besonders mein Freund Anton macht einen wilden Eindruck. Aber bald werden wir die Regierung bilden. Wir sind nämlich dem Moeve seine Freunde und machen einen Krankenbesuch. Ich werde Sie zum Polizeileutnant befördern, Herr Polizist.

DER POLIZIST Weitergehen.

STRANITZKY *mit Würde* Ich mache Sie darauf aufmerksam, Herr Polizist, daß Ihr Verhalten einem zukünftigen Minister gegenüber eine Beförderung zum Polizeileutnant nicht rechtfertigt. Ich kann Sie höchstens noch zum Wachtmeister ernennen, jedoch nur, wenn Sie manierlich sind. Sie haben ihre Chance weitgehend verpaßt.

DER POLIZIST Weitergehen.

STRANITZKY Der will nicht. Trotz der Beförderung. Doch wozu haben wir deine Kraft, Anton, deine zwei Meter zehn? Einfach zugestoßen, so werden du und ich mit meinem Wagen schon zu unserem Nationalhelden kommen. Los, Anton, los!

Nun schiebt mein Rumpf ein Blinder
Auf einem Schinderkarrn
Zu fordern meine Gage
Komm ich zu euch gefahrn!

Renn, Anton, renn mit meinem Wagen! Immer vorwärts, immer weiter! Der Weg geht schnurgerade, und schon leuchtet die Bethlehemklinik mit weißen Mauern durch die Bäume und Blumen des Parks!

DER ANSAGER Und so kam es, wie es kommen mußte. Der

Blinde, zerfetzt und riesenhaft, rannte in den Park hinein, den Beinlosen vor sich herstoßend, der in seinem Wagen grölte vor Begeisterung, beide ein Bild einer jammervollen und aussichtslosen Anstrengung, das Paradies auf Erden zu erreichen, diese Klinik Bethlehem, die mild vor ihnen durch die Stämme leuchtete, und von allen Seiten eilten Polizisten herbei, verwirrt durch den seltsamen Anblick der beiden, in begreiflicher Furcht, man habe es auf den Nationalhelden abgesehen.

STIMMEN Halt! Anhalten!

Energische Pfiffe.

STRANITZKY Renn weiter, Anton, renn weiter! Nur gradaus, immer gradaus!

DER ANSAGER Die Szene war peinlich: wie die Kletten hängten sich die Polizisten in ihren blauroten Uniformen an den Riesen, von dem sie nicht ahnen konnten, daß er blind war, und einer sprang ihm auf den Rükken, so daß der Invalide endlich, von der Menge überwältigt, stöhnend zu Fall kam, während der beinlose –

STRANITZKY *bescheiden* Stranitzky

DER ANSAGER – Stranitzky führerlos in seinem Wagen weiterrollte, in einen Graben des Parks geriet und sich überschlug.

EINE STIMME *von ferne* Kauft Moeve-Plaketten, kauft Moeve-Plaketten!

STRANITZKY Da liege ich nun ohne Beine mitten in einem Graben voll Blumen und Gras, Heuschrecken und Käfer. Es steht schlimm mit dir, Stranitzky, dabei ist alles nur ein Mißverständnis. Bleich wird einmal die Polizei werden, wenn sie erfährt, wie sie mit einem zukünftigen Minister umgegangen ist, bleich und weiß wie die Margeriten, in denen ich liege, denn das schwöre ich: Polizeiminister will ich werden. Polizeiminister, und ob meinen Reformen wird sich die Welt noch wundern. Polizeiminister! Wenn nur dieses Nasenbluten nicht wäre, dieses verfluchte Nasenbluten, schon ganz rot ist der Schmetterling geworden, der mir da im Gesicht herumflattert!

EINE STIMME *von ferne* Kauft Moeve-Plaketten, kauft Moeve-Plaketten!

DER ANSAGER Doch als die beiden nun auf den Polizeiposten gebracht wurden, wie man sie nun verhörte, ohne daß jemand klug aus ihnen wurde, so daß man sie schließlich freiließ, nachdem man ihnen noch zu einer guten Suppe mit Brot verholfen hatte, geschah das große Wunder. J. P. Whiteblacke, Journalist, von der Lyrik herkommend, nahm sich der beiden an. Noch am Nachmittag hatte Chefredaktor Donner von der ›Epoche‹ – wer liest nicht dieses Blatt – J. P. Whiteblacke mit einer Stimme hinausgedonnert, die – verzeihen Sie die Anspielung, aber sie liegt auf der Hand – wir bei allem Respekt nun doch als ein wenig zu heftig bezeichnen müssen.

CHEFREDAKTOR DONNER Eine Sensation muß ich haben, eine Sensation, sonst können wir den Betrieb schließen und Hosenträger verkaufen. Etwas Handgreifliches, J. P. Whiteblacke, etwas zum Heulen und Zähneklappern fürs liebe Publikum. Bei der dreimalheiligen Zeitungsschreiberei! Wozu haben wir denn sonst einen so prächtigen aussätzigen Nationalhelden. Damit die

Leute an ihn denken, statt die Köpfe mit Streikideen, Kommunismus und anderem unnützen Zeug zu füllen. Man sollte Sie in Druckerschwärze tauchen, mein Herr, und wenn Sie zehnmal der Goethe sind. Da bringt die Illustrierte die erste Abbildung der aussätzigen Zehe, und wir müssen uns mit der zweiten begnügen, kein Hund interessiert sich mehr für den Knochen. ›Die Zeit‹ bringt das erste Interview, das erste, und wir können es nachdrucken! Eine Schlafkrankheitsepidemie bricht unter unseren Lesern aus. Und nun kommt die ›Woche‹ mit ihrer Artikelserie: ›Ich leide‹, von Moeve selber. Auflage vier Millionen. Einpacken, wir können einpacken, ich werde nächstens auch Gedichte schreiben. Und Sie, J. P. Whiteblacke, was bringen Sie, was wagen Sie mir auf den Tisch zu legen? Die Krankheit Baldur von Moeves und ihre Bedeutung für das moderne Geistesleben. Hinaus!

DER ANSAGER Dies war die Rede des Chefredaktors der ›Epoche‹, Sie haben sich selbst überzeugen können. Es war gräßlich. J. P. Whiteblacke stürzte totenbleich aus der Redaktion. Schon machte er sich auf seine Entlassung gefaßt, schon bereitete er sich vor, seine Verlobung mit Molly Wally auflösen zu müssen – Sie kennen ja die reizende Soubrette der städtischen Bühne –, da stieß er bei seinem täglichen Gang zur Polizei auf den Vorfall mit den beiden Invaliden, auf diese verworrene Lappalie, die sich im Park der Bethlehemklinik ereignete, und nun geschah das Wunder, von dem wir sprachen: J. P. Whiteblacke hatte eine Idee. Sogar Chefredaktor Donner war angetan, als er von dieser Idee hörte.

CHEFREDAKTOR DONNER *freundlich* Sehen Sie, Whiteblakkerchen, das ist eine Idee, was da aus Ihrem Köpfchen herangesäuselt kommt. Habe doch gleich gedacht: Wenn sich ein Dichterling anstrengt, kommt mit der Zeit schon etwas heraus aus der eingetrockneten Zitrone. Da wollen wir unsere Verbindungen spielen lassen. Morgen sollen Sie vor Ihrem Moeve stehen und dem kranken Mann mal Ihre Angelegenheit herunterstammeln.

DER ANSAGER Und so stand denn J. P. Whiteblacke am andern Tage vor unserem Nationalhelden in der Bethlehemklinik – ich brauche Ihnen wohl den amerikanischen Krankenstuhl nicht mehr zu beschreiben, in welchem Baldur von Moeve saß. Von den Krankenschwestern umgaben ihn drei, die Prinzessin von Teuffelen darunter. Von den Ärzten Moderzahn. Der Nationalheld trank Tomatensaft. Seine Stimme klang schmerzlich, doch gefaßt, ganz seiner Haltung entsprechend, wie von jenseits her, von einer Welt, die wir nicht kennen.

DER NATIONALHELD *müde* Junger Mann, ich leide. Frau Sorge sucht mich heim, die Goethe so trefflich in seinem Faust, zweiter Teil, beschrieb, den ich schon in Finsterwalde las und jetzt zum zwölften Mal.

J.P. WHITEBLACKE Exzellenz! *Er erstirbt fast vor Hochachtung.*

DER NATIONALHELD *müde* Ich habe gekämpft, ich stand unerbittlich bei Saint Plinplin, war voll und ganz diesem Leben und meinem Volk zugewandt, doch jetzt, junger Mann, kommt das andere, das Unaussprechliche.

J.P. WHITEBLACKE Das Unaussprechliche.

DER NATIONALHELD *müde* Noch etwas Grapefruitsaft,

Prinzessin von Teuffelen, und zur Vesper bereiten Sie Poulet kalt sowie den Châteauneuf-du-Pape, ja?

J.P. WHITEBLACKE Exzellenz, wir sind alle von der Erkrankung Ihres rechten Fußes –

DER NATIONALHELD *ärgerlich* Der linke Fuß, der linke ist krank, Donnerwetter noch einmal, die große Zehe vom linken Fuß.

J.P. WHITEBLACKE Verzeihung, Exzellenz. *Er ist sehr verwirrt.* Der linke, natürlich, Exzellenz, der linke Fuß. *Er reißt sich zusammen.* Exzellenz. Wir sind alle von der Erkrankung des linken Fußes erschüttert. Durch und durch. Das ganze Volk ist erschüttert und zum erstenmal seit langem wieder geeint. Die Erkrankung Eurer Exzellenz ist eine politische Tat. Diese Tat gilt es nun auszubauen. Je mehr das Volk am Leiden Eurer Exzellenz teilnimmt, um so besser, um so positiver.

DER NATIONALHELD Seit meiner Erkrankung schrumpft die Kommunistische Partei zusammen, junger Mann.

J.P. WHITEBLACKE Gänzlich.

DER NATIONALHELD Keine Streiks, keine Lohnforderungen.

J.P. WHITEBLACKE Frappant.

DER NATIONALHELD Man interviewte mich.

J.P. WHITEBLACKE Wirkungsvoll.

DER NATIONALHELD Die aussätzige Zehe wurde photographiert.

J.P. WHITEBLACKE Sie ließ uns erschauern.

DER NATIONALHELD Man bildet mich ab im Kreis meiner besorgten Familie.

J.P. WHITEBLACKE Wir sorgten mit.

DER NATIONALHELD Von weinenden Schulkindern umgeben.

J.P. WHITEBLACKE Wir weinten mit.

DER NATIONALHELD Ich bin daran, ein Buch zu schreiben: ›Ich leide‹.

J.P. WHITEBLACKE Wir leiden mit.

DER NATIONALHELD Was wollen Sie denn noch von mir todkrankem Mann? Es ist doch alles in Ordnung.

J.P. WHITEBLACKE Exzellenz. Die Erfolge sind beträchtlich, kein Zweifel. Nur ein Dokument fehlt, Exzellenz, das entscheidende Dokument der Liebe und Verehrung der Geringsten. Dem ist abzuhelfen. Geruhen Exzellenz in der Bethlehemklinik zu empfangen.

DER NATIONALHELD Empfangen? Aber gestern habe ich doch den Frauenverein empfangen?

J.P. WHITEBLACKE Gewiß.

DER NATIONALHELD Den Philologenkongreß.

J.P. WHITEBLACKE Zugegeben.

DER NATIONALHELD Heute die Eisenbahner und Bankangestellten.

J.P. WHITEBLACKE Zweifellos.

DER NATIONALHELD Morgen die Freimaurer.

J.P. WHITEBLACKE Selbstverständlich.

DER NATIONALHELD Das Episkopat und die Philatelisten.

J.P. WHITEBLACKE Auch dies sind politische Taten, wer bezweifelt es. Doch nun geht es um Tieferes, Größeres, Exzellenz. *Mit Wärme* Geruhen Exzellenz zwei Invalide zu empfangen. Einen Beinlosen und einen Blinden.

DER NATIONALHELD *verwundert* Zwei Invalide?

J.P. WHITEBLACKE Zwei blessierte Vaterlandsverteidiger, die Ihnen ihr Mitleid auszudrucken wünschen. Bringen Exzellenz dieses Opfer. Die Öffentlichkeit wäre begeistert über diese Begegnung.

DER ANSAGER Dies J. P. Whiteblackes Idee. Das Gesicht des Nationalhelden hellte sich zum Glück nach der Verdüsterung wieder auf, die J. P. Whiteblacke durch seine Verwechslung des rechten mit dem linken Bein heraufbeschworen hatte, und Baldur von Moeve erklärte sich nach einigem Zögern einverstanden. Sowohl die ›Epoche‹ als auch der Rundfunk, der sich dem Unternehmen anschloß, versprachen sich von der zu erwartenden, überaus rührenden Szene viel. Man war überzeugt, damit der Pro-Moeve-Bewegung einen neuen Antrieb zu geben, lief sie doch Gefahr, etwas abzuflauen; dazu kam noch, daß sich die Ärztekonferenz nicht recht über den Aussatz des Nationalhelden einigen konnte, ja, daß sogar Stimmen laut wurden, die ihn bezweifelten, doch reden wir nicht mehr darüber. Wer wirklich patriotisch denkt, glaubt an Moeves Aussatz, das ist doch klar. J. P. Whiteblackes Aufgabe war es nun, die beiden Invaliden aufzusuchen. Der Journalist machte sich auf den Weg. Industrieviertel, in der Nähe der Seifenfabrik Huber. Mozartstraße vierhundertsiebenundzwanzig, fünfter Stock, Mansarde vierzehn. Vor der Haustüre der verrostete Wagen des Beinlosen. Das Treppenhaus roch unten nach Bohnen und Speck, in der Mitte nach Sauerkraut, weiter oben machten sich Heringe bemerkbar. Kindergeschrei.

Kindergeschrei.

DER ANSAGER Der betrunkene Herr mit Vollbart, dessen Beruf niemand weiß.

DER BETRUNKENE *grölend* Die Luise, so wunderschön wie diese.

DER ANSAGER Später Fräulein Müller, Luise Müller, deren

Beruf alle wissen, begleitet – schweigen wir von dieser Szene. Durch ein zerbrochenes Fenster fällt die Abendsonne. Das Radio im vierten Stock spielt den ›Tod und das Mädchen‹ von Schubert.

›Der Tod und das Mädchen‹ von Schubert.

DER ANSAGER Dazu haben Korbmachers Streit, wie üblich um diese Zeit.

KORBMACHER Du Ratte! Du Nachteule!

DER ANSAGER Dann die Mansarde Nummer vierzehn, ein Raum, den wir schon kennen: auf der einen Matratze der blinde Marinetaucher Anton, auf der andern der beinlose Fußballspieler Stranitzky, ferner ein wackliger Tisch irgendwo, etwas Geschirr, ein Krug mit Wasser.

J.P. WHITEBLACKE Mein Name ist Whiteblacke. J. P. Whiteblacke. Ich komme von der Presse. Sie sind ohne Zweifel Herr Strapitzky?

STRANITZKY Stranitzky. Adolf Joseph Stranitzky, der bekannte Fußballspieler, Sie wissen, der gegen die Spanier das Ehrentor erzielte. Und dies mein Freund Anton, ein ehemaliger Marinetaucher.

J.P. WHITEBLACKE Sie haben gestern abend vor der Bethlehemklinik den Wunsch geäußert, Herr Stranitzky, unseren allseits geliebten Nationalhelden Baldur von Moeve aufzusuchen, um ihm Ihre Verehrung auszudrücken?

STRANITZKY *würdig* Um ihm meine unbedingte Verehrung auszudrücken, mein Herr.

J.P. WHITEBLACKE Sie wurden von der Polizei leider verhindert –

STRANITZKY *würdig* Ein Mißverständnis.

J.P. WHITEBLACKE Eben. Baldur von Moeve ist bereit, Sie und Ihren blinden Kameraden übermorgen zu empfangen.

STRANITZKY *verdattert* Mein Gott.

J.P. WHITEBLACKE Um zehn Uhr vormittags.

STRANITZKY *verstört* Um zehn Uhr vormittags.

J.P. WHITEBLACKE Der Empfang wird durch den Rundfunk nach den Nachrichten im Echo der Zeit übertragen und kommt auf die erste Seite der ›Epoche‹. Mit Abbildungen.

STRANITZKY *dumpf* Im Rundfunk und in der Epoche. Mit Abbildungen.

J.P. WHITEBLACKE Um neun Uhr dreißig übermorgen werde ich Sie im Buick Chefredaktor Donners hier in der Mozartstraße abholen, meine Herren.

STRANITZKY *benommen* Mit einem Buick.

J.P. WHITEBLACKE Dies, meine Herren, bin ich beauftragt, Ihnen im Namen Baldur von Moeves mitzuteilen. Wir sehen uns übermorgen wieder, am größten Tag Ihres Lebens.

STRANITZKY *immer noch benommen* Übermorgen, am größten Tag unseres Lebens. Mit einem Buick.

DER ANSAGER Dies der Besuch, den J. P. Whiteblacke den beiden Invaliden machte, ein Besuch, der sich bei der übertriebenen Hoffnung, die Strapitzky –

STRANITZKY *bescheiden* Stranitzky

DER ANSAGER Stranitzky auf Moeve setzte, in der Folge nur verhängnisvoll auswirken konnte. Sie werden es sehen. Da saßen denn die beiden, der frühere Taucher und der einstige Fußballspieler, in ihrer armseligen Mansarde im Licht einer riesenhaften, roten Abendsonne, die sich eben anschickte, hinter das Gebäude des Schlüpferkonzerns zu sinken, und schwiegen. Ein Wunder war geschehen, nur das wußten sie und falteten die Hände vor ihrem großen, abenteuerlichen Glück.

Es klopft.

MARIE Herr Stranitzky! Herr Anton!

STRANITZKY Die Marie. Treten Sie ein, Fräulein Marie.

MARIE Sie sind totenbleich, Herr Stranitzky, und der Anton wackelt mit seinem Kopf hin und her.

STRANITZKY Er kann es eben immer noch nicht fassen, der Anton, Fräulein Marie, denn wir sind von Moeve eingeladen worden, ihn übermorgen um zehn zu besuchen. Mit einem Buick.

MARIE *schüchtern* Herr Stranitzky.

STRANITZKY Ich habe es immer gefühlt, daß etwas Außerordentliches kommt. Schon gestern, wie uns die Polizei Brot und Suppe gab, habe ich gedacht: Die haben eben eine Ahnung, daß es mit uns etwas Besonderes ist, und nun, mit einem Schlag, sind wir in die Bethlehemklinik eingeladen. Jetzt werde ich mit Moeve sprechen, und ich werde Polizeiminister, Fräulein Marie, das habe ich mir vorgenommen, wie ich im Graben lag.

MARIE Aber Herr Stranitzky –

STRANITZKY Nicht mehr Herr Stranitzky. Sagen Sie mir Adolf Joseph. Denn nun sind Sie meine Braut.

MARIE *schüchtern* Adolf Joseph.

STRANITZKY Ich werde mir nun auch Beine machen lassen, nicht staatliche, nein, private, so ein Luxus wie dem Moeve sein Krankenstuhl. Ein Radio darin, gerade über dem linken Knie, und unten an der Fußsohle kleine versenkbare Räder mit einem Motörchen, um herumzufahren, wenn ich keine Lust zum Gehen habe.

MARIE Stranitzky.

STRANITZKY Und zu Ihnen, Marie, wird man Frau Minister sagen.

MARIE Ich will das ja gar nicht, Stranitzky, das habe ich ja alles gar nicht nötig, und auch der Anton will das nicht, der sagt ja kein Wort und schüttelt den Kopf. Wenn ich nur dich habe, und die staatlichen Beine tun's auch. Du weißt ja noch gar nicht, was der Moeve von dir will, wer kennt auch von uns einen Nationalhelden. Adolf Joseph, ich will arbeiten, das versprech ich dir, für dich und für Anton, und ich werde deine Frau sein, das geniert mich doch nicht, daß du keine Beine hast.

STRANITZKY Kommt nicht in Frage mit arbeiten. Mit dem Schlüpferkonzern ist es aus. Frau Ministerin sollst du werden und nichts anderes. Und der Anton soll ebenso hübsche Krankenschwestern bekommen wie der Moeve, samt einer Prinzessin von Teuffelen. Ich habe noch meinen Stolz.

STIMMEN Stranitzky! Hoch Stranitzky!

STRANITZKY Das ist der Herr Korbmacher von unten und der Herr Fleischer vom dritten Stock, der Herr mit dem Vollbart und die Fräulein Luise.

KORBMACHER Stranitzky, der Herr von der Presse hat es meiner Frau gesagt: Sie sind eingeladen zum Moeve. Das ganze Quartier weiß es. Gratuliere!

FLEISCHER Da sagen Sie's hoffentlich dem Nationalhelden, wie es uns kleinen Leuten geht? Das ist jetzt Ihre Pflicht, Mann!

KORBMACHER Wie niedrige Löhne wir in der Seifenfabrik haben!

FRÄULEIN LUISE Wie schlecht die feinen Herren zahlen!

DER HERR MIT DEM VOLLBART Wie teuer der Schnaps geworden!

STRANITZKY Alles werde ich dem Moeve sagen. Meine Rede wird im Radio übertragen, da können Sie's hören. Leute! Bewohner der Mozartstraße! Ein großer Moment ist gekommen, ein patriotischer Moment. Unser Nationalheld, der Herr von Finsterwalde und Saint Plinplin, wurde durch seinen Aussatz zur Einsicht gebracht, daß man sich zusammentun muß, die Oberen und die Unteren, die Reichen und die Armen. Deshalb hat er mich, den Invaliden Stranitzky, zu sich gerufen, mit mir zu beraten.

DIE LEUTE Hört! Hört!

STRANITZKY Wichtige Umwälzungen stehen bevor.

DIE LEUTE Bravo!

STRANITZKY Laßt uns daher diese Tage festlich begehen.

DER HERR MIT DEM VOLLBART Pflaumenschnaps werden wir trinken!

KORBMACHER Burgunder!

FLEISCHER Poulets werden wir essen!

FRÄULEIN LUISE Torten!

STRANITZKY Ich werde alles bezahlen!

MARIE *ängstlich* Stranitzky! Wenn das nur gutgeht, mein Stranitzky!

DER ANSAGER Und so kam denn der erwartete Tag. Der Fußballspieler hatte sich würdig vorbereitet. Die löcherigen Matratzen, wir kennen sie ja, der wacklige

Tisch, der alte Wasserkrug waren verschwunden, statt dessen standen zwei Diwane in der Mansarde – gekauft auf Kredit – weiche Sessel auf Kredit – ein Jugendstiltisch und ein Rundfunkapparat – ebenfalls auf Kredit – von dem Wein, von den Früchten und was sonst noch zur Feier bereit stand – auch auf Kredit –, ganz zu schweigen. Punkt neun Uhr dreißig fuhr J. P. Whiteblacke mit dem Buick vor. Die halbe Mozartstraße war versammelt. Unter Hochrufen wurde der Beinlose in den Wagen gehoben. Er trug seine alte Soldatenuniform.

DIE MENGE Hoch! Hoch Stranitzky!

DER ANSAGER Neben ihm saß der Blinde im blauen Kleid der Marine. Dann fuhren sie durch die Straßen unserer Hauptstadt, an der Kathedrale des heiligen Sebastian vorbei. Die schwarzumflorten Riesenbilder des Nationalhelden sahen ernst auf den Buick herunter, an den Straßenecken fand Moeves ›Ich leide‹ reißenden Absatz. Ein Riesengeschäft, allein die ›Life‹ bot für das Übersetzungsrecht zwei Millionen Dollar. Fünf vor zehn bog der Wagen in den Park der Bethlehemklinik ein. Der Chefarzt Moderzahn erwartete sie am Eingang des Spitals. Man hob den Beinlosen in einen Krankenstuhl, den der Marinetaucher vor sich herschob. Die Prinzessin von Teuffelen, die den beiden Invaliden den Weg wies, weinte. Der Zug erreichte die große Halle. Auf dem Kamin standen in kostbaren Rahmen die Bilder Ihrer Majestät der Königin Elisabeth von England, den Thronfolger auf dem Schoß, sowie des amerikanischen Präsidenten, dazwischen ein goldenes Kreuz, vom Nuntius überreicht, mit der Inschrift: Leide für uns. Der Nationalheld befand sich in einem amerikanischen Krankenstuhl. Wie er die beiden Invaliden erblickte, legte er Goethes Faust – die Inseldünndruckausgabe – auf die Seite und lächelte sein berühmtes schräges Lächeln, wenn auch etwas schmerzlicher als sonst. Ihm zu Füßen balgten sich zwei junge Löwen, ein Geschenk des untröstlichen Kaisers von Abessinien. Im Hintergrund standen die Ehrenkrankenschwestern, die Ärzte und die Assistenten, ebenso einige Mitglieder des Kabinetts. Es war still, feierlich still. Die Kinooperateure, die Photographen, die Radioleute arbeiteten beinahe geräuschlos. J. P. Whiteblacke begann zu sprechen.

J.P. WHITEBLACKE Exzellenz. Ich habe die Ehre, Ihnen zwei einfache Männer aus dem Volke vorzustellen. Herr Strawitzky –

STRANITZKY *bescheiden* Stranitzky. Adolf Joseph Stranitzky

J.P. WHITEBLACKE – Stranitzky und Herr Anton.

DER NATIONALHELD Zwei Vaterlandsverteidiger. Freut mich. Waren in Finsterwalde? Wurden verwundet in Saint Plinplin?

STRANITZKY In Usbekistan, Herr Moeve, und der Anton in der Mündung vom Irawadi.

Gedämpftes Lachen.

J.P. WHITEBLACKE *flüsternd* Exzellenz, Stripitzky, Exzellenz. Man sagt Exzellenz zu unserem Nationalhelden.

DER NATIONALHELD Aber junger Freund. Warum soll denn dieser brave Mann Exzellenz zu mir sagen? Sind wir doch Kameraden.

ALLE Bravo. Hoch unser Nationalheld.

EINE STIMME AUS DEM HINTERGRUND Welche Menschlichkeit!

Gedämpftes Beifallklatschen.

DER NATIONALHELD Unsere Vaterlandsverteidiger haben die Beine verloren und die Augen, und ich bin aussätzig. Da haben wir schließlich alle etwas zu leiden.

Gedämpftes Beifallklatschen.

DER NATIONALHELD Da heißt es denn für uns drei: Kopf hoch, Zähne zusammenbeißen und unsere Pflicht erfüllen dem Vaterland gegenüber.

Gedämpftes Beifallklatschen.

STRANITZKY Herr Moeve, Sie haben mir aus dem Herzen gesprochen. Lassen Sie uns daher auf den Sinn unserer Zusammenkunft kommen.

J.P. WHITEBLACKE *bestürzt* Aber mein guter Mann!

STRANITZKY Herr Nationalheld. Wir sitzen uns in Krankenstühlen gegenüber, Sie, der große Mann von Saint Plinplin und Finsterwalde, der Ministerpräsident unseres Landes, aussätzig bis auf die Knochen, und ich, ein ehemaliger Fußballspieler, ein nutzloser Rumpf.

J.P. WHITEBLACKE Aber mein guter –

STRANITZKY Das sind Tatsachen, an denen es nichts zu rütteln gibt. Doch, Herr Nationalheld, wir schauen den Tatsachen ins Auge, das steht vor der Geschichte fest: Sie, indem Sie mich gerufen haben, und ich, indem ich Ihrem Ruf folgte. Sie gehören nun zu uns, zu den Tausenden ohne Beine, ohne Arme, ohne Augen, die in unserem Vaterlande leben, mit Stolz nehmen wir Sie in unsere unabsehbaren Reihen auf.

J.P. WHITEBLACKE Aber mein –

STRANITZKY Herr Nationalheld! Die Nation blickt in diesem unerhörten Moment auf uns. Der Wendepunkt der Weltgeschichte ist gekommen. Sie haben die Macht, die Organisation, die Presse, die Armee hinter sich und ich die Ohnmacht, die Armut, den Hunger. Sie sind in aller Munde, mein Name ist vergessen. Dennoch sind wir nicht gegeneinander, sondern füreinander.

J.P. WHITEBLACKE Aber –

STRANITZKY Nichts gibt Ihnen Ihre Zehe, nichts mir meine Beine wieder. Lassen wir diese Organe fahren, brauchen wir unsere Köpfe. Die hat jetzt unser Volk nötig. Unser Leiden können wir nicht ändern, wohl aber den Grund unseres Leidens. Sie haben in Abessinien eine armselige Hütte besucht: auch in unserem Lande gibt es armselige Hütten. Laßt uns dafür sorgen, daß es sie nirgends mehr gibt. Ich wurde durch den Krieg ruiniert. So soll es keinen Krieg mehr geben. Wir sind beide auf die Hilfe unserer Mitbürger angewiesen. So soll allen Mitbürgern geholfen werden. Die Pro-Moeve-Stiftung für alle, Herr Nationalheld. Was eine Generation von Sportlern, Vegetariern und Abstinenten, von kerngesunden Menschen nicht vermochte, den Frieden dieser Welt, werden wir Sieche, Halbierte, Zusammengehauene vermögen!

J.P. WHITEBLACKE Aber mein –

STRANITZKY Wir werden zusammen eine Regierung bilden, Herr Nationalheld. Das Naheliegendste, ich weiß. Ich stelle mich als Polizeiminister zu Ihrer Verfügung. Ich bringe gern das Opfer. Ich bin bereit, ebenfalls das Innere zu übernehmen. Auch das Außenministerium, falls Sie es wünschen. Anton die Finanzen und die Kirche. Nie ist eine Regierung unter günstigeren Umständen gebildet worden, Herr Nationalheld.

J.P. WHITEBLACKE Aber mein guter –

STRANITZKY Sie sind ergriffen, Herr Nationalheld. Sie sind demnach einverstanden. Ich sehe es aus Ihrem Antlitz, aus Ihrem Hin- und Herrutschen auf dem amerikanischen Krankenstuhl. Doch Geduld. Morgen sehen wir uns wieder. Den heutigen Tag, Herr Nationalheld, will ich mit meinen Freunden begehen, mit den einfachen Leuten der Mozartstraße.

J.P. WHITEBLACKE Aber mein guter Mann!

DER NATIONALHELD *verlegen* Hat mich gefreut. Wünsche so wackeren Vaterlandsverteidigern das Beste.

STRANITZKY Morgen, Herr Nationalheld, werde ich Ihnen mein Regierungsprogramm vorlegen, und ich bitte Sie, mich und Anton in der Kathedrale des heiligen Sebastian durch den Erzbischof vereidigen zu lassen, wie es unsere altehrwürdige Tradition verlangt.

J.P. WHITEBLACKE Aber mein guter –

DER NATIONALHELD *schwach* Gefreut. Hat mich gefreut. Schon Goethe. Überaus gefreut. Die Bilder, Prinzessin von Teuffelen, die Bilder, ja?

DER ANSAGER Dies ist die Begegnung des beinlosen Fußballspielers mit unserem Nationalhelden. Das traurige Ende ist bald erzählt. Noch händigte die Prinzessin von Teuffelen den beiden Invaliden je ein Bild Moeves aus, mit eigenhändiger Unterschrift, darstellend, wie er auf dem einen in Finsterwalde litt und auf dem andern in Saint Plinplin ausharrte; dann schaffte man die beiden vom erschöpften Moeve fort, den Moderzahn ins Bett brachte. Der Fußballspieler triumphierte. Das peinliche Schweigen der Gesellschaft beachtete er nicht. Er sah sich schon als Minister. In der Mozartstraße, wohin der Buick ihn und Anton zurückbrachte, wurde er mit Begeisterung empfangen. In der Mansarde begann ein wildes Fest, das den ganzen Tag über dauerte. Gemeinsam erwartete man die Abendnachrichten im Rundfunk. Zu Fräulein Luise und dem Herrn mit dem Vollbart, zu Korbmacher und Fleischer, zu dem Fräulein Marie, das angstvoll Stranitzky umschlungen hielt, hatten sich die Herren Seewein und Baß gesellt. Von Seewein stammten die Diwans, der Jugendstiltisch und die weichen Sessel, und von Baß stammte der Rundfunkapparat, auf welchem die beiden eigenhändig unterschriebenen Porträts Baldur von Moeves thronten. Das Vertrauen, das der ehemalige Fußballspieler in den Nationalhelden setzte, war unermeßlich.

DER HERR MIT DEM VOLLBART Nichts als Schnaps, den ganzen Tag trinke ich nichts als Schnaps zur Feier der Politik! Es lebe der Schnaps!

FLEISCHER Der Schinken!

SEEWEIN Die Poulets!

KORBMACHER Die Moselweine!

BASS Der Burgunder!

FRÄULEIN LUISE Die Torten!

FLEISCHER Jetzt kommt's. In drei Minuten. Das Echo der Woche!

STRANITZKY *bewegt* Meine liebste Braut Marie, mein

Freund Anton, liebe Freunde. Wir wollen des Mannes gedenken, dem wir unser Glück verdanken: Baldur von Moeve. Er war tapfer in Finsterwalde, heldenhaft in Saint Plinplin, wer zweifelt daran, aber am größten war er heute morgen um zehn. Ich glaubte an ihn, und man belächelte meinen Glauben. Doch Moeve bewährte sich. Nun darf ich weiter glauben, und auch ihr dürft es. Wir sind Zeitgenossen eines wahren Nationalhelden, eines Mannes, der die Politik zu erneuern wagte. Dazu braucht es Mut, meine Freunde, Menschlichkeit und Liebe: Es lebe unser Baldur von Moeve.

ALLE Hoch Moeve.

FLEISCHER Zuerst kommt der Wetterbericht.

STRANITZKY Wir haben durchgerungen, meine Freunde. Noch eine Nacht in der Mansarde, und Fräulein Marie, Anton und ich beziehen unsere Appartements in den ›Vier Jahreszeiten‹. Aber wir werden nie vergessen, woher wir stammen. Das wollen wir euch hier feierlich versprechen.

ALLE Feierlich versprechen.

Sie stoßen an.

FLEISCHER Nun die Wasserstandsmeldungen.

STRANITZKY Meine Freunde, die Welt wird geändert. Herr Korbmacher schafft die Armut ab und Herr Seewein die Armee.

ALLE Wir schaffen alles ab.

STRANITZKY Der Herr mit dem Vollbart übernimmt die Banken.

ALLE Er gewährt allen Kredit.

STRANITZKY Herr Fleischer die Eisenbahnen.

ALLE Wir fahren alle, ohne zu zahlen.

STRANITZKY Und dem Fräulein Luise übergeben wir ein Rokokohäuschen in einem französischen Park mit Perserteppichen und Kirschbaumbettchen, mit Mahagonisesselchen und Vorhängen aus Brüsseler Spitzen, mit japanischen Täßchen, chinesischen Väschen und Meißener Porzellanfigürchen, mit silbernem und goldenem Besteck und Plüschsofachen.

ALLE Wir sind alle ihre Kunden.

FRÄULEIN LUISE Das Paradies ist angebrochen.

ALLE Das Paradies der kleinen Leute.

KORBMACHER Es hieß, es komme erst in dreimal hunderttausend Wochen.

ALLE Das Paradies.

SEEWEIN Es komme ewigkeitenlangsam nur zu uns gekrochen.

ALLE Das Paradies.

DER HERR MIT DEM VOLLBART Da ist es plötzlich unermeßlich über uns gebrochen.

BASS Und dies nicht etwa morgen erst, wenn's dämmert, sondern heute.

ALLE Das Paradies der kleinen Leute!

FLEISCHER *aufgeregt* Da ist es!

STRANITZKY So hört denn meine Ernennung zum Polizeiminister.

ALLE Hoch!

STRANITZKY Zum Innen- und Außenminister.

ALLE Hoch!

STRANITZKY Wie Anton die Kirche und die Finanzen übernimmt.

ALLE Hoch!

Das Fest hat seinen Höhepunkt erreicht.

EINE FRAUENSTIMME *im Radio* Sie hören im Echo der Zeit: Besuch beim Nationalhelden. Reporter: J. P. Whiteblacke.

DER HERR MIT DEM VOLLBART Ruhe!

FRÄULEIN LUISE Lauter einstellen.

KORBMACHER Still!

J.P. WHITEBLACKE *im Radio* Wir sind mit unserem Mikrophon in der Bethlehemklinik, liebe Hörer. Wir wohnen einem feierlichen Akt bei. Nicht einem hohen Staatsakt, dem unser Nationalheld wie so oft die Weihe gegeben hätte, sei es, als er den Frieden von Königen unterzeichnete, oder den Vertrag von Pitangui, nein, einem Akt der Nächstenliebe. Baldur von Moeve empfängt zwei einfache Leute aus dem Volke, zwei Mitmenschen, die unter der Unbill der Zeit besonders schwer leiden müssen, zwei Invalide. Dieser Empfang ist denn auch für unseren Nationalhelden so bezeichnend, denn wer wüßte besser, was leiden heißt, als gerade er, unser so tragisch erkrankter Nationalheld. So verkehrt er denn mit diesen einfachen Soldaten, die in fremden Landen verwundet worden sind, im Tone einer herzlichen – Baldur von Moeve selbst brauchte dieses Wort – Kameradschaft.

DER NATIONALHELD *im Radio* Sind wir doch Kameraden.

STIMMEN *im Radio* Bravo! Hoch lebe unser Nationalheld.

EINE STIMME *im Radio* Welche Menschlichkeit.

Gedämpftes Beifallklatschen.

DER NATIONALHELD *im Radio* Unsere Vaterlandsverteidiger haben die Beine verloren und die Augen, und ich bin aussätzig. Da haben wir schließlich alle etwas zu leiden.

Gedämpftes Beifallklatschen.

DER NATIONALHELD *im Radio* Da heißt es denn für uns drei: Kopf hoch, Zähne zusammenbeißen und unsere Pflicht erfüllen dem Vaterland gegenüber.

Gedämpftes Beifallklatschen.

STRANITZKY *im Radio* Herr Moeve, Sie haben mir aus dem Herzen gesprochen.

STRANITZKY *stolz* Das bin ich.

J.P. WHITEBLACKE *im Radio* Nichts ist wohl bezeichnender für die tiefe Liebe, die das Volk unserem Nationalhelden entgegenbringt, als diese treuherzige Antwort eines Invaliden. So rührte denn auch dieser schlichte Empfang alle aufs tiefste. Unauslöschlich wird er den beiden Invaliden im Gedächtnis haften bleiben. Lernten sie doch in unserem Nationalhelden einen Mann kennen, der auch für sie sorgt, trotz seiner Krankheit, die uns alle in Atem hält. Einer sorgt für alle, alle sorgen für einen. Nie wurde dieses Wort wahrer als diesen Morgen in der Bethlehemklinik. So durften die beiden Invaliden denn am Schlusse mit leuchtenden Augen eine Photographie unseres Nationalhelden entgegennehmen, dessen gütige, tapfere, vom Leiden gezeichnete Stimme Sie noch einmal hören.

DER NATIONALHELD *im Radio* Gefreut. Hat mich gefreut. Schon Goethe. Überaus gefreut. Die Bilder, Prinzessin von Teuffelen, die Bilder, ja?

EINE FRAUENSTIMME *im Radio* Sie hörten im Echo der Woche eine Aufnahme einer kleinen Feier in der Bethlehemklinik. Reporter war J. P. Whiteblacke. Wir kommen nun zur Entwicklung des Schlachtviehmarktes, ein ernstes Gespräch zwischen Oberschlächter Weißbusch und Nationalrat –

FLEISCHER *empört* Wo ist denn die Rede?

KORBMACHER Schwindel!

FRÄULEIN LUISE *schrill* Stranitzky hat gelogen!

DER HERR MIT DEM VOLLBART Fauler Zauber.

FLEISCHER Und wer zahlt den Schinken?

FRÄULEIN LUISE Die Torten?

KORBMACHER Die Poulets? Den Champagner?

DER HERR MIT DEM VOLLBART Den Schnaps?

SEEWEIN Die Möbel?

BASS Den Rundfunkapparat?

ALLE Betrüger! Gauner!

Riesenlärm.

DER ANSAGER Der Tumult war ungeheuer, als sich die Hoffnung des Invaliden in Nichts auflöste. Herr Korbmacher, leider müssen wir es sagen, zerschmetterte auf dem Schädel des ehemaligen Fußballspielers Moeves Bild von Saint Plinplin, Fleischer jenes von Finsterwalde, der Herr mit dem Vollbart schlug mit der Champagnerflasche zu, Seewein und Baß mit den Sesseln, bis der Blinde sie alle zur Seite warf. Der Riese nahm den Beinlosen wie ein Kind auf die Arme, raste mit ihm die vertraute Treppe hinunter, fünf Stockwerke, und verschwand in der Nacht, bevor die weinende Marie folgen konnte.

MARIE *verzweifelt* Ich will doch deine Frau werden, Adolf Joseph. Du brauchst gar kein Minister zu sein. Ich will für dich arbeiten, ich will für dich sorgen. Stranitzky, mein Stranitzky!

EIN VERKÄUFER Moeve-Plaketten! Kauft Moeve-Plaketten!

STRANITZKY So ist es recht, Anton. Wie ein Held hast du mich gerettet. Weiter, immer weiter. Ich war ein Narr, ich wollte Minister werden, und nun bin ich ein beinloser Fußballspieler geblieben. Geradeaus, immer nur geradeaus! Die ganze Mozartstraße entlang, an der Seifenfabrik Huber vorbei gegen den Schlüpferkonzern.

Ich war ein Invalider
Wohl aus Usbekistan
Da schwoll dem Held von Plinplin
Die große Zehe an

Ich faßte wilde Hoffnung
Aus unser beider Not
Auf aller Menschen Frieden
Auf Arbeit und auf Brot

EIN VERKÄUFER Moeve-Plaketten! Kauft Moeve-Plaketten!

STRANITZKY

Doch ach, es gibt auf Erden
Wohl zweierlei Mitleid
Ein großes, interessantes
Und eins im Alltagskleid

Das große für den Helden
Das kleine war für mich

O wilde goldne Hoffnung
Wie liebte ich doch dich

EIN ZEITUNGSVERKÄUFER ›Die Epoche‹! Nationalheld empfängt zwei Invalide! ›Die Epoche‹!

ANTON

Und meine Augen sahen
Das, was ihr nie gesehn
Versunkne fremde Schiffe
Der Kraken tückisch Spähn

Da, auf dem Irawadi
Verlor ich mein Gesicht
Ich sah nicht mehr die Meere
im schattengrünen Licht

EIN VERKÄUFER Moeve-Plaketten! Kauft Moeve-Plaketten!

ANTON

Und was ich einst gesehen
Das bleibt bei mir als Bild
Medusen und Korallen
Der Haifisch bös und wild

Doch wilder als der Abgrund
Ist nur der Menschen Brust
Verloren sind die Toren
Die solches nicht gewußt

MARIE *von ferne* Stranitzky, mein Stranitzkylein!

DER ANSAGER So zogen sie dahin. So verschwanden sie in der Nacht unserer Stadt. Als der Morgen kam, zog man den Wagen aus dem Kanal. Der Beinlose hatte den Blinden in den gemeinsamen Untergang gesteuert. Die Leichen der beiden wurden nicht gefunden, der

Kanal mußte sie schon ins Meer getragen haben. So kam es zur letzten Begegnung der Invaliden mit unserem Nationalhelden. Moeve nämlich kehrte im Mai des nächsten Jahres von einem längeren Aufenthalt an der Riviera in unsere Hauptstadt zurück. Er war rosig und wohlbeleibt, sichtlich gesund, denn dank einem amerikanischen Präparat hatte Moderzahn den Aussatz zwar nicht ganz beseitigen, aber doch eindämmen können. Beim Empfang in unserer Hauptstadt, angesichts einer begeisterten Bevölkerung, als sich der Festzug über die Kanalbrücke gegen die Kathedrale des heiligen Sebastian bewegte, wurden die beiden Invaliden wieder sichtbar. Sie kamen vom Meer her, von der Flut getragen, zwei riesenhafte Wasserleichen, der Fußballspieler auf dem Rücken des Blinden, Korallen und Tang auf den gebleichten Schädeln und Seesterne und Muscheln in den Augenhöhlen. So schwammen sie im Abendrot in unsere Stadt hinein, und der Beinlose hatte seine trotzige Faust gegen den Nationalhelden gereckt. Dann versanken sie von neuem in den Fluten. Vergebens suchte die Polizei bis spät in die Nacht mit Stangen, dem Skandal ein Ende zu machen. Die Ebbe mußte die Gespenster wieder in den Ozean getragen haben. Dies, meine Damen und Herren, ist das Ende der Geschichte des Invaliden Strapatzky.

Das Unternehmen der Wega

Ein Hörspiel

Die Stimmen

Mannerheim
Sir Horace Wood
Kapitän Lee
Oberst Camille Roi
Der Kriegsminister
Der Minister für außerirdische Gebiete
Der Staatssekretär
John Smith
Petersen
Irene
Bonstetten
Eine Stimme

Geschrieben 1954, erweiterte Fassung 1969.

MANNERHEIM Herr Präsident der freien verbündeten Staaten Europas und Amerikas. Indem ich auf unsere Unterredung zurückkomme, sei es mir gestattet, die Aufnahmen vorzulegen, die ich auf Ihren Wunsch hin, Herr Präsident, während des Unternehmens der Wega gemacht habe und die Seine Exzellenz Sir Horace Wood betreffen sowie die Verhandlungen, die er führte, und ich verbleibe in unwandelbarer Treue und Hochachtung auch in den dunklen Zeiten, in denen wir uns befinden, Ihr Dr. med. Mannerheim, Mitglied des Geheimen Dienstes.

Zuerst die Aufnahme vom Start.

EINE STIMME Passagiere des Raumschiffes Wega einsteigen bitte, Passagiere des Raumschiffes Wega einsteigen bitte.

WOOD Nun, das gilt uns, Mannerheim. Wir müssen die Erde verlassen. Die anderen Herren sind an Bord.

MANNERHEIM Ich bitte Eure Exzellenz, den Hut aufzusetzen und die schwarze Brille.

WOOD Selbstverständlich.

MANNERHEIM Spione könnten uns erkennen.

WOOD Das ist immer zu befürchten.

MANNERHEIM Ist dies Ihre erste Raumfahrt, Sir Horace Wood?

WOOD Die erste. Da staunen Sie. Jedes Kind segelt heutzutage zum Mond, macht eine Reise zum Mars. Unsere Träume sind wahr geworden. Aber ich liebe die Erde zu sehr und die Träume zu wenig. – Ist ja auch kein Klima außerhalb unseres Planeten, das nur halbwegs angenehm wäre, hört man sagen.

MANNERHEIM In der Tat, Exzellenz.

EINE STIMME Passagiere des Raumschiffes Wega einsteigen bitte, Passagiere des Raumschiffes Wega einsteigen bitte.

Schritte.

DER KAPITÄN Exzellenz.

WOOD Sie sind der Kapitän?

DER KAPITÄN Kapitän Lee. Darf ich Eure Exzellenz zur Kabine begleiten?

WOOD Sie gehen zu liebenswürdig mit Leuten wie mir um, Kapitän. Mit Außenministern muß man gröber sein.

DER KAPITÄN Hier, Exzellenz.

WOOD Sieht fremdartig aus.

DER KAPITÄN Doktor Mannerheim steht zu Ihrer Verfügung.

WOOD Danke.

MANNERHEIM Ich schnalle Sie nun an, Exzellenz.

WOOD Bitte.

MANNERHEIM Geht es so, Exzellenz?

WOOD Gefesselt.

MANNERHEIM Ich gebe Ihnen etwas Coramin. Nun lasse ich Sauerstoff und Helium in die Kabine strömen.

WOOD Wie Sie wünschen.

Ein leises Zischen.

MANNERHEIM Möchten Exzellenz den Abflug beobachten?

WOOD Bin neugierig.

MANNERHEIM Sie sehen den Flugplatz.

WOOD Spaßig. Kein Mensch zu sehen.

MANNERHEIM Sie halten sich in den Bunkern auf.

WOOD Ein schöner Morgen.

MANNERHEIM Das rote Licht, Exzellenz. In zwanzig Sekunden starten wir.

WOOD Schade, wegfliegen zu müssen. Wäre gern fischen gegangen.

MANNERHEIM Noch zehn Sekunden.

WOOD Und nun kommt auch noch die Sonne.

MANNERHEIM Wir starten.

Leiser Summton.

WOOD Da sehen wir schon die Hauptstadt und nun das Meer. Die Erde fällt von uns weg, Mannerheim.

MANNERHEIM Ist der Druck auszuhalten?

WOOD Es geht.

MANNERHEIM Er nimmt zu.

WOOD Etwas merkwürdig, wenn man es zum ersten Mal erlebt.

MANNERHEIM Ruhig atmen!

WOOD Gebe mir Mühe.

MANNERHEIM Die Wega muß eine Geschwindigkeit von sechsunddreißigtausend Kilometer in der Stunde erreichen.

WOOD Mir unsympathisch. Mit dem Auto fahre ich nie mehr als siebzig.

Schweigen. Nur der Summton.

WOOD Mannerheim?
MANNERHEIM Exzellenz?
WOOD Sie sind der Leibarzt des Präsidenten?
MANNERHEIM Sein Reisearzt. Ich begleite ihn zum Mars.
WOOD Und er bestimmte Sie, mich auf die Venus zu begleiten?
MANNERHEIM Eine große Ehre, Exzellenz.
WOOD Hm.
MANNERHEIM Das gelbe Licht. Nun ist der Druck der Beschleunigung am größten.
WOOD Offenbar.
MANNERHEIM Das grüne Licht. Wir haben die nötige Geschwindigkeit erreicht. Die Anziehungskraft der Erde ist überwunden.
WOOD Da wären wir.

Der Summton hat aufgehört.

MANNERHEIM Achttausend Kilometer über der Erde.
WOOD Etwas hoch.
MANNERHEIM Darf ich Exzellenz abschnallen?
WOOD So ist mir auch wohler. Schön die Erde.
MANNERHEIM Nicht wahr?
WOOD Ein gebogener Schild. Schade, daß sie falsch ist.
MANNERHEIM Falsch, Exzellenz?
WOOD Ihre Bewohner sagen nicht immer die Wahrheit.
MANNERHEIM Wünschen Exzellenz den Beobachtungsraum zu besuchen?
WOOD Führen Sie mich.

Schritte.

MANNERHEIM Darf ich Oberst Roi vorstellen?

WOOD Oberst Camille Roi?

ROI Gewiß, Exzellenz.

WOOD Der vor einem Jahr den Handstreich auf Hanoi durchführte?

ROI Gewiß, Exzellenz.

WOOD Und vor drei Jahren jenen auf Warschau?

ROI Exzellenz besitzen ein gutes Gedächtnis.

WOOD Nur mein Beruf, Roi, nur mein Beruf. Doch da kommt der Kriegsminister.

KRIEGSMINISTER Da sind Sie ja, Wood. Ein Puff, und schon schwebt man im Weltenraum. Großartig. War auch begeistert, als ich dies vor vierzig Jahren zum ersten Mal mitmachte. Bequem geworden, das Raumreisen. Traf neulich einen Mummelgreis, dessen Urgroßvater noch die Pionierzeit erlebte. Die Brüder schwebten damals wie Engelchen in der Rakete herum und beim Start wurden sie zu Brei gequetscht. Hatten weder eigene Schwerkraft noch einen Schutz gegen die Beschleunigung. War noch ein primitives Völkchen. Und da sieht man ja auch die Erde. Imposant, eine freischwebende Kugel, wie der Globus im Geographieunterricht, der Himmel dunkelviolett mit einer Sonne drin und Millionen von Sternen. Ein Panorama, Wood, ein Panorama: Da lernt ihr endlich einmal im Außenministerium, was es heißt, einen weiten Horizont zu haben.

MANNERHEIM Nun eine Aufnahme der Konferenz, die drei Tage später an Bord der Wega stattfand, sämtliche Minister und Staatssekretäre vereinigte und von seiner Exzellenz Sir Horace Wood präsidiert wurde.

WOOD Meine Herren. Ich gebe zuerst einen kurzen Überblick. Seien wir uns im klaren, was wir wollen, was wir tun müssen. Seit 1945 haben wir keinen Weltkrieg mehr gehabt, das sind nun dreihundertzehn Jahre. Es folgte die Periode der partiellen Konflikte: der Koreakrieg, der Bürgerkrieg in Indien, die australische Niederlage, und wie diese Konflikte alle heißen. Jetzt ist ein neuer Weltkrieg unvermeidlich geworden, so schrecklich dies auch für einen Außenminister zuzugeben ist. Dreihundert Jahre lang hat sich die Welt auf ihn vorbereitet. Die Diplomatie ist am Ende ihrer Künste, der Kalte Krieg läßt sich nicht mehr verlängern, ein Friede ist unmöglich, die Notwendigkeit, einen Krieg zu führen, größer als die Furcht vor ihm. Die freien, verbündeten Staaten Europas und Amerikas stehen Rußland und dem verbündeten Asien, Afrika und Australien gegenüber. Die beiden Gegner sind annähernd gleich mächtig. Annähernd. Dies ist der traurige Grund, weshalb sich Mitglieder der freien verbündeten Staaten auf dem Raumschiff Wega befinden. Ich möchte nun dem Minister für außerirdische Gebiete das Wort erteilen.

MINISTER FÜR AUSSERIRDISCHE GEBIETE Exzellenzen, meine Herren. Unsere Lage ist nicht ganz glücklich. Der Mond ist verloren, ein Verlust, den ich persönlich noch schmerzlicher empfinde als jenen Australiens. Der Vertrag von New Delhi hat uns die ganze der Erde zugewandte Seite entrissen, und die der menschlichen Natur so feindlichen Eigenschaften, die auf ihm herrschen, machen einen Krieg gegen die russischen Mondforts leider unmöglich.

KRIEGSMINISTER Wir hätten den Vertrag von New Delhi nie unterschreiben dürfen!

WOOD Ich mache den Kriegsminister Costello aufmerksam, daß auch er keine andere Lösung fand, als ich gezwungen war, diesen Vertrag, den ich bedaure, zu unterschreiben. Es gab keine andere Politik, und zu etwas anderem als Politik waren wir nicht gerüstet. Ich bitte den Minister für außerirdische Gebiete, weiterzufahren.

MINISTER FÜR AUSSERIRDISCHE GEBIETE Exzellenzen, meine Herren. Der Mars hat sich neutral erklärt und ist zu mächtig, um zur Parteinahme zu unseren oder zu Gunsten Rußlands gezwungen werden zu können. Bleibt die Venus. Ich bitte, dem Staatssekretär für die dortigen Angelegenheiten das Wort zu erteilen.

WOOD Der Staatssekretär für die Angelegenheiten auf der Venus hat das Wort.

STAATSSEKRETÄR Exzellenzen. Ich glaube, es ist von Bedeutung, daß sich die hier versammelten Mitglieder der Regierung von den Verhältnissen auf der Venus ein Bild machen. Klimatisch ist dieser Planet eine Katastrophe. Er befindet sich in einem Zustand wie die Erde vor etwa hundertfünfzig Millionen Jahren. Die Venus ist für eine anständige menschliche Besiedlung ungeeignet, sowohl Rußland als auch unsere verbündeten Staaten haben denn auch die Kommissäre zurückgezogen.

WOOD Ich hörte etwas anderes darüber.

STAATSSEKRETÄR Um genau zu sein, Sir Horace Wood, weigerten sich unsere und die russischen Kommissäre, auf die Erde zurückzukehren, worauf wir und auch Rußland es unterließen, neue hinzuschicken.

WOOD Wie hieß unser letzter Kommissär?

STAATSSEKRETÄR Bonstetten.

WOOD Wann trat er zurück?

STAATSSEKRETÄR Vor zehn Jahren.

WOOD Warum kehrte er nicht zurück?

STAATSSEKRETÄR Der Grund ist nicht bekannt.

WOOD Fahren Sie fort, Herr Staatssekretär.

STAATSSEKRETÄR Exzellenzen, meine Herren. Wenn auch der Planet Venus sich für eine Besiedlung nicht eignet, so ist er doch von einem gewissen Nutzen. Sowohl wir als auch Rußland und seine Verbündeten haben die Venus seit zweihundert Jahren als Strafkolonie verwendet und benützen sie auch heute noch ausschließlich zu diesem Zweck. Unsere Raumschiffe laden die Verurteilten aus und entfernen sich wieder, ohne mit den Häftlingen in nähere Berührung zu treten.

WOOD So sind diese Häftlinge frei?

STAATSSEKRETÄR Frei in bezug auf die Venus. Für die Erde sind sie tot.

WOOD Und die politischen Verhältnisse?

STAATSSEKRETÄR Unbekannt.

WOOD Die Einwohnerzahl?

STAATSSEKRETÄR Unbekannt.

WOOD Wie viele schicken wir hinauf?

STAATSSEKRETÄR Jährlich dreißigtausend.

WOOD Rußland?

STAATSSEKRETÄR Unbekannt.

WOOD Ich verstehe nicht, wozu wir eine Abteilung für die Angelegenheiten auf der Venus brauchen, wenn wir von diesem Planeten nichts wissen.

STAATSSEKRETÄR Es ist Aufgabe dieser Abteilung, die Gefangenentransporte zu organisieren, Exzellenz. Was mit den Gefangenen nachher geschieht, ist nicht Sache der Abteilung. Hauptsache ist, daß wir die Häftlinge abgeschoben haben.

WOOD Welcher Art sind die Verurteilten, die wir nach der Venus schicken?

STAATSSEKRETÄR Moralisch minderwertiges Menschenmaterial. Kriminelle und dann in erster Linie jene Leute, die kommunistische Ideen vertreten und aus Sicherheitsgründen entfernt werden müssen.

WOOD Und wen schickt Rußland auf die Venus?

STAATSSEKRETÄR Auch Kriminelle und dann natürlich jene Leute, die westliche Ideen vertreten und aus Sicherheitsgründen entfernt werden müssen.

WOOD Es befindet sich demnach nicht nur moralisch minderwertiges Menschenmaterial auf der Venus. Ich bitte nun den Kriegsminister, uns über seine Ziele zu unterrichten.

KRIEGSMINISTER Ganz einfach. Es gilt, die Bagage da oben für einen Krieg gegen Rußland und Asien zu gewinnen. Strategisch besitzt der Planet Venus den Vorteil, daß die Wolkenschicht seiner Atmosphäre eine Beobachtung der Oberfläche unmöglich macht. Ein Angriff kann im geheimen vorbereitet werden, was auf der Erde unmöglich ist, da sowohl wir als auch die Russen künstliche Monde besitzen, von denen aus wir einander beobachten. Ich schätze die Bevölkerung des Planeten auf zwei Millionen. Für einen Wasserstoff- und Kobaltbombenangriff auf Asien und Rußland brauche ich zweihunderttausend Mann. Die Raumschiffe und die Bomben können sie selber herstellen, wenn wir einige Wissenschaftler auf der Venus lassen.

WOOD Haben sich solche Wissenschaftler zur Verfügung gestellt?

KRIEGSMINISTER Sie befinden sich an Bord.

WOOD Mit wem verhandeln wir?

MINISTER FÜR AUSSERIRDISCHE GEBIETE Mit einem gewissen Petersen.

WOOD Besitzen wir nähere Angaben über diesen Herrn?

MINISTER FÜR AUSSERIRDISCHE GEBIETE Ein Mörder aus Deutschland.

KRIEGSMINISTER Schöne Aussichten.

MINISTER FÜR AUSSERIRDISCHE GEBIETE Dann mit einem John Smith.

WOOD Was wissen wir über ihn?

MINISTER FÜR AUSSERIRDISCHE GEBIETE Er ist auf der Venus geboren und der Sohn eines amerikanischen Kommunisten.

KRIEGSMINISTER Noch besser.

MINISTER FÜR AUSSERIRDISCHE GEBIETE Endlich mit einem Jakob Petrov, von dem wissen wir gar nichts.

KRIEGSMINISTER Scheint ein Russe zu sein.

WOOD Meine Herren. Unsere Mission ist vom Präsidenten beschlossen worden. Zu unser aller Überraschung und etwas überstürzt, wie es sich nun zeigt, da wir von der Venus nicht viel wissen. Ich habe diese Mission zu leiten. Wir stehen vor einer schweren Aufgabe. Noch wissen wir nicht, was die Bevollmächtigten dieses Planeten verlangen, wie mit ihnen zu verhandeln ist, ob wir eine Diktatur vorfinden oder ein parlamentarisches Staatswesen ähnlich dem unsrigen. Die Lage ist ernst. Wir müssen alles wagen, wenn wir nicht alles verlieren wollen, und es bleibt mir nichts anderes übrig, als nun dem Unternehmen der Wega das Beste zu wünschen.

MANNERHEIM Bevor ich zu den Ereignissen auf der Venus komme, gebe ich noch zwei Gespräche wieder, die Seine Exzellenz Sir Horace Wood führte. Das erste mit mir beim Anblick der Venus, die, nun groß wie der Mond, doch von viel heftigerem Licht, vor uns im Raume hing, drohend, weiß.

WOOD Wann landen wir, Mannerheim?
MANNERHEIM In sechs Stunden, Exzellenz.
WOOD Noch sechs Stunden, und Ihre Aufgabe beginnt.
MANNERHEIM Meine Aufgabe, Exzellenz?
WOOD Der Präsident hat Sie beauftragt, mich zu beaufsichtigen. Er fürchtet, daß auch ich auf der Venus bleibe wie unsere Kommissäre.
MANNERHEIM Ich verstehe nicht, Exzellenz –
WOOD Sie sind Mitglied des Geheimen Dienstes.
MANNERHEIM Exzellenz!
WOOD Sie haben in der Tasche eine jener kleinen Maschinen, mit denen man die Gespräche aufnehmen kann.
MANNERHEIM Ich weiß nicht –
WOOD Aber ich weiß, Mannerheim. Als Mitglied des Geheimen Dienstes werden Sie nie zugeben dürfen, daß Sie dazugehören. Schweigen wir darüber. Wir wissen ja beide, was auf dem Spiele steht.

MANNERHEIM Das andere Gespräch fand mit dem Obersten Roi statt, kurz vor der Landung im Beobachtungsraum. Das Gespräch war schwer aufzunehmen, da ich keinen Verdacht erwecken durfte, und weist einige Störungen auf.

WOOD Eine Frage, Oberst Roi.
ROI Exzellenz?
WOOD Warschau, vor drei Jahren, haben Sie mit dem Raumschiff Deneb angegriffen?
ROI Gewiß.
WOOD Hanoi, vor einem Jahr, mit dem Raumschiff Atair?
ROI Richtig.
WOOD Dann glaube ich mich zu erinnern ... *Rest unverständlich.*
ROI *Antwort unverständlich.*
WOOD Beide Raumschiffe waren als Passagierschiffe getarnt?
ROI Kriegslist, Exzellenz.
WOOD Dieses Schiff ist die Wega. Ich kenne mich wenig am Himmel aus, doch Atair, Deneb und Wega sind die Namen der Sommersterne?
ROI Auch.
WOOD Sind sie etwa auch die Namen ein und desselben Schiffes?
ROI Exzellenz sind scharfsinnig.
WOOD Auch nur mein Beruf ... *Das Folgende unverständlich.*
ROI *Antwort unverständlich.*
WOOD ... *unverständlich* ... Sie sind ein gefährlicher Bursche, Roi.
ROI Soldat.
WOOD Eben. Und an Bord.
ROI Auf Wunsch des Präsidenten.
WOOD Mit einigen – Bomben, wie bei Warschau und Hanoi?
ROI Wüßte nicht wozu.

WOOD Um den Vorschlägen Nachdruck zu verleihen, die wir den Bewohnern der Venus unterbreiten.

ROI Ich kann keine Antwort geben, Exzellenz.

WOOD Das sollen Sie auch nicht, Roi. Die Bewohner der Venus erwarten ein friedliches Schiff. Wir haben Ihnen das Wort gegeben, ohne Waffen zu kommen. Mit Verwunderung habe ich Ihre Anwesenheit bemerkt, Oberst, doch weiter darüber nachzudenken, kann ich mir als Außenminister der freien Nationen nicht leisten. Nichts peinlicher als ein Diplomat, dessen rechte Hand weiß, was seine linke tut.

EINE STIMME Gehen Sie in Ihre Kabinen bitte, gehen Sie in Ihre Kabinen bitte. Anschnallen, bitte anschnallen. Die Wega taucht in die Lufthülle der Venus, die Wega taucht in die Lufthülle der Venus –

WOOD Vergessen wir unser Gespräch, Roi.

ROI Gewiß, Exzellenz.

WOOD Hoffen wir, daß Sie mich nie daran erinnern müssen. Ich werde es nicht tun.

EINE STIMME Gehen Sie in Ihre Kabinen bitte, gehen Sie in Ihre Kabinen bitte. Anschnallen bitte, anschnallen bitte –

MANNERHEIM Zu der nun folgenden Aufnahme möchte ich noch bemerken, da Sie, Herr Präsident, mich um einen genauen Bericht gebeten haben, daß der Eindruck, den wir von der Venus erhielten, als wir landeten, schwer zu beschreiben und mit den Bildern, die wir von diesem Planeten auf der Erde kennen, nicht wiederzugeben ist. Wir landeten an dem uns angegebenen Punkt nicht weit vom Nordpol des Planeten an der

Küste der Newton-Insel. Gewiß, jene Merkmale, die wir in der Schule von der Oberfläche der Venus gelernt haben, waren vorhanden, der Riesenwuchs der Pflanzenwelt, der mit Vulkanen umstellte Horizont, doch nicht dies war das Fürchterliche. Es war die Hitze, die Feuchtigkeit der Luft, die immer spürbaren Erdbeben, die diesen Boden umwühlen, verändern, vernichten und neuschaffen, das Licht, welches unirdisch, seltsam und schwer zu beschreiben ist. Dieser Himmel ist ohne Sonne, ein schwer lastender, wogender Wolkenbrei, von unermeßlichen Orkanen durchbrüllt, von einem gleißenden Silber, als wüte hinter den Massen von Dampf und Regengüssen ein tödliches Feuer, ein Eindruck, den die ständigen elektrischen Entladungen der Atmosphäre noch verstärkten. Schon bei der Anfahrt konnten wir kilometergroße Kugelblitze beobachten, die durch die gigantischen Urwälder von Schachtelhalmen und Farngewächsen knatterten. Wir verließen die Wega. Der Boden schwankte, zitterte. Hinter uns lag der Urwald, phantastisch, triefend vor Nässe, vor uns roter, glühender Sand und dann, verschwommen, tosend, ein Ozean. Wir hatten eine riesige Menschenmenge erwartet, einen feierlichen Staatsakt. Seine Exzellenz Wood hielt den kleinen Zettel mit dem Konzept seiner Rede in den Händen, hatte sich auch eine mächtige Hornbrille aufgesetzt, doch sahen wir nichts als drei Männer in zerschlissener Kleidung, die nur aus Hemd und Hose bestand. Sie näherten sich uns zögernd vom Strande her. Wir nahmen an, daß sie uns zum Verhandlungsort führen würden, doch waren es zu unserer Überraschung die Bevollmächtigten selbst.

JOHN SMITH *leise* Ich bin John Smith.

WOOD Sir Horace Wood.

JOHN SMITH Herr Petersen, Herr Petrov.

WOOD Seine Exzellenz der Herr Kriegsminister, Seine Exzellenz der Herr Minister für die außerirdischen Gebiete, meine Hauptmitarbeiter.

JOHN SMITH Es freut mich.

WOOD Herr Smith, meine Herren. Der Augenblick, da wir die Venus betreten, ist für uns nicht ohne Größe; nicht ohne Rührung stehen wir auf diesem für uns so eigenartigen Boden eines anderen Planeten. – *Donner* – Die vereinigten freien Nationen der Erde, deren Vertreter wir sind, wissen, daß die Ideale – *krachender Donner* – daß die Ideale, denen wir uns untergeordnet haben und denen wir nachzuleben versuchen – *langanhaltender Donner* – die Ideale – *Donner* – der Humanität – *Donner* – und der Freiheit – *krachender Donner* – auch auf der Venus zu finden sind, wenn auch vielleicht unter einer anderen Form – *tosender Donner* – und so sind wir denn nicht aus irgendwelchen Berechnungen zu Ihnen gekommen – *heranbrüllender Wind* – sondern aus dem spontanen Entschluß, wie schon der alte Thomas Eliot sagte –

Krachender Donner, unermeßliche Windstöße, Regenrauschen.

MANNERHEIM Seine Exzellenz konnte seine schöne Rede leider nicht vollenden. Ein ungeheuerliches Gewitter brach los, das uns zwang, fluchtartig das Verhand-

lungsschiff aufzusuchen, eine Art primitives Unterseeboot, das wir durchnäßt erreichten.
Wir waren überrascht. Wir hatten geglaubt, in einer Stadt oder in einem Landhaus zu verhandeln. Ich gebe nun ein Bruchstück der ersten Sitzung mit den Abgeordneten der Venus wieder, die unter fürchterlichen Bedingungen stattfand. Die zwölfköpfige Kommission der vereinigten freien Staaten war eingepfercht in einen kleinen, schlechtbeleuchteten Raum, der durch die Wogen des fremden Ozeans abenteuerlich hin und her geworfen wurde.

JOHN SMITH Ich heiße die Vertreter der vereinigten freien Nationen der Erde in unserem Verhandlungsschiff willkommen. Ich bitte, Herrn Petrov zu entschuldigen. Er ist mit der Bedienung des Schiffes beschäftigt.
WOOD Die Vorschläge, die wir zu unterbreiten haben, sind wichtig. Kann die Bedienung des Verhandlungsschiffes nicht ein anderer als Herr Petrov übernehmen?
JOHN SMITH Wir haben keinen anderen.

Schweigen.

WOOD Meine Herren. Ich schlage vor, die Hauptstadt der Venus als Verhandlungsort zu bestimmen.
JOHN SMITH Wir haben keine Hauptstadt.
WOOD Eine größere Ortschaft.
JOHN SMITH Es gibt keine Ortschaften.
WOOD Wenigstens einen Raum auf dem Festland.
JOHN SMITH Es gibt keinen andern Raum. Das Land ist zu unsicher, ein Gebäude zu tragen. Wir leben alle auf Schiffen.

WOOD Dann bitte ich, besseres Wetter abzuwarten.

JOHN SMITH Das Wetter auf der Venus ist nie besser. Nur schlechter.

WOOD Das Gewitter sollte man vorübergehen lassen.

JOHN SMITH Es herrschen auf der Venus immer Gewitter. Und dies ist nur ein kleines.

Schweigen.

WOOD Über uns dürfte allgemeine Klarheit herrschen, während wir von den Verhältnissen auf der Venus nicht viel wissen. Darf ich daher fragen, in welchem Verhältnis die hier anwesenden Bevollmächtigten zu ihrer Regierung stehen und wie weit ihre Vollmachten gehen?

JOHN SMITH Wir haben keine Regierung.

WOOD *verwundert* Wie soll ich dies verstehen?

JOHN SMITH Wie ich es sagte.

MINISTER FÜR AUSSERIRDISCHE GEBIETE Herr Petersen!

WOOD Seine Exzellenz der Minister für außerirdische Gebiete hat das Wort.

MINISTER FÜR AUSSERIRDISCHE GEBIETE Herr Petersen. Wenn wir Herrn Smith recht verstehen, besitzt die Bevölkerung der Venus keine feste Regierung, sondern nur einen Rat, oder eine Volksvertretung, die in echt demokratischer Form nach dem Willen des Volkes handelt.

PETERSEN Wir besitzen nichts dergleichen.

MINISTER FÜR AUSSERIRDISCHE GEBIETE Aber die Venus muß doch regiert werden.

PETERSEN Die Venus ist groß, und wir sind klein. Sie ist grausam. Wir müssen kämpfen, wenn wir leben wollen. Wir können uns Politik nicht leisten.

KRIEGSMINISTER Herr Smith!

WOOD Seine Exzellenz der Kriegsminister hat das Wort.

KRIEGSMINISTER Sie nennen sich Bevollmächtigter der Venus, Herr Smith.

JOHN SMITH Ich bin es.

KRIEGSMINISTER Dann muß Sie doch irgend jemand bevollmächtigt haben!

JOHN SMITH Ich selbst.

Schweigen.

KRIEGSMINISTER *verwundert* So handelten Sie in eigenem Namen, als Sie mit uns die Funkverbindungen aufnahmen?

JOHN SMITH Sie nahmen mit uns Funkverbindungen auf. Es war Zufall, daß wir Ihren Funkspruch hörten. Wir wollten uns mit Nachbarn in Verbindung setzen und hörten die Erde.

KRIEGSMINISTER *ärgerlich* Worauf Sie der Versuchung nicht widerstehen konnten und sich als Bevollmächtigte der Venus ausgaben.

JOHN SMITH Was wir auch sind. Es ist unsere Pflicht, mit Ihnen zu verhandeln, weil wir Ihren Funkspruch empfangen haben. Keiner darf sich bei uns um seine Aufgabe drücken, auch wenn er diese Aufgabe zufällig erhält und sie ihm nicht im mindesten liegt.

KRIEGSMINISTER Mir zu verrückt.

Schweigen.

WOOD So würde auch ein anderer mit uns verhandelt haben, wenn er unseren Funkspruch erhalten hätte?

JOHN SMITH Natürlich.

WOOD Und wäre als Bevollmächtigter aufgetreten?

JOHN SMITH Wäre bevollmächtigt gewesen.

KRIEGSMINISTER Zum Wahnsinnigwerden!

WOOD Herr Petersen. Ist die Bevölkerung der Venus über unser Kommen informiert?

PETERSEN Wir haben es dem nächsten Schiff mitgeteilt.

WOOD Und?

PETERSEN Wir werden ihnen mitteilen, was wir besprochen haben.

WOOD Und wenn wir nun einen Vertrag abschließen?

PETERSEN Werden wir es ihnen auch mitteilen.

WOOD Wird die Bevölkerung der Venus diesen Vertrag respektieren?

PETERSEN Wir sind ja die Bevollmächtigten.

WOOD Ist es möglich, die Schiffe mit der Bevölkerung zu versammeln?

PETERSEN Wenn es nötig wäre, aber es ist ja nicht nötig.

WOOD Meine Herren. Als Vorsitzender der Mission der vereinigten freien Nationen der Erde stehe ich vor einer Situation, die ich nicht ganz erwartet habe. Vor allem schlage ich nun vor, daß die hier versammelten Mitglieder unserer Mission sich auf unser Raumschiff zurückziehen, die Lage zu beraten. Rechtlich ist abzuklären, ob wir mit Ihnen, Herr Smith und Herr Petersen, verhandeln können, da wir auf der Venus keinen Staat vorfinden, der als juristische Person auftreten könnte und mit dem Verträge abzuschließen wären, wenn ich mich – ich bin nicht Jurist – recht ausdrücke. Deshalb glaube ich –

MANNERHEIM Die sechste Aufnahme. Besprechung an Bord der Wega. Das Raumschiff hat die Lufthülle der Venus wieder verlassen und befindet sich tausend Kilometer vom Planeten entfernt.

KRIEGSMINISTER Eine Minute länger in diesem Klima, und, hops, ich wäre tobsüchtig geworden. Sollten die Russen hierher schicken. Habe noch nie einen unsinnigeren Planeten gesehen.

MINISTER FÜR AUSSERIRDISCHE GEBIETE Unerträglich.

KRIEGSMINISTER Beim Abflug sah ich ein Tier. Sah wie ein Chamäleon von fünfzig Metern Länge aus.

MINISTER FÜR AUSSERIRDISCHE GEBIETE Unanständig.

WOOD Mir schien die Venus vernünftig. Jedes Mal, wenn ich in meiner Rede auf Ideale zu sprechen kam, hat's gedonnert.

KRIEGSMINISTER Und wem haben Sie Ihre Rede gehalten, Wood? Drei vertrottelten Fischern, oder was die Halunken sonst sind, die in ihrer Freizeit unsere Funksprüche empfingen und eine diplomatische Mission von drei Ministern und sechs Staatssekretären von der Erde auf ihr lausiges Boot lockten.

MINISTER FÜR AUSSERIRDISCHE GEBIETE Jahre haben unsere Wissenschaftler gebraucht, einen Apparat zu konstruieren, mit dem man mit der Venus die Funkverbindung aufnehmen kann, ohne daß die Russen dahinterkommen!

KRIEGSMINISTER Eine lächerliche Angelegenheit!

MINISTER FÜR AUSSERIRDISCHE GEBIETE Als Minister für außerirdische Gebiete habe ich gegen diese Abenteuer stets meine warnende Stimme erhoben.

KRIEGSMINISTER Eine himmeltraurige Angelegenheit. Fünfundvierzig Millionen Kilometer vergeblich hergebraust. Kehren wir auf die Erde zurück.

MINISTER FÜR AUSSERIRDISCHE GEBIETE Eine verlorene Sache muß man aufgeben.

WOOD Die Venus beeindruckt mich. Die Leute da oben sind frei.

MINISTER FÜR AUSSERIRDISCHE GEBIETE Ich muß meine warnende Stimme erheben!

WOOD Keine Regierung. Jeder in der Lage, Bevollmächtigter zu sein. Allerhand.

MINISTER FÜR AUSSERIRDISCHE GEBIETE Peinlich.

WOOD Es ist immer peinlich, ein Ideal in der Wirklichkeit anzutreffen.

KRIEGSMINISTER Habe nichts einem Ideal Ähnliches da oben entdeckt.

WOOD Nun, gibt es eine idealere Politik als die, keine nötig zu haben?

KRIEGSMINISTER Sie wollen doch nicht etwa mit diesen Strolchen verhandeln?

WOOD Unsere einzige Chance, Kriegsminister.

KRIEGSMINISTER Wood, ich verstehe Sie nicht.

WOOD Wir müssen Verbündete finden.

KRIEGSMINISTER Das können wir nie auf der Venus.

WOOD Nur auf der Venus. Das hat in unserer Anfangskonferenz der Minister für außerirdische Gebiete schlagend bewiesen.

MINISTER FÜR AUSSERIRDISCHE GEBIETE Ich protestiere. Ich habe im Gegenteil stets meine warnende Stimme erhoben –

WOOD Meine Herren. Wir dürfen nicht den Kopf verlieren, sonst verlieren wir ihn endgültig. Wir haben uns die Verhältnisse auf der Venus falsch vorgestellt. Wir wußten zwar nicht, was wir zu erwarten hatten, doch wir glaubten, etwas zu finden, was dem ähnlich wäre, was wir auf der Erde kennen. Nun ist es nicht so. Die Bewohner dieses Planeten stehen in einem grausamen Kampf mit der Natur. Sie können keine andere Idee haben, als diesen Kampf zu bestehen, in irgendeiner Art am Leben zu bleiben, auch wenn dieses Leben trostlos ist. Wir sind für sie unwichtig, doch in dem Augenblick, wo wir fähig sind, bei ihnen eine Hoffnung auf eine Änderung ihrer Lage zu erwecken, werden wir wichtig. Und wir sind fähig.

MINISTER FÜR AUSSERIRDISCHE GEBIETE Sie sind optimistisch.

WOOD Wir haben es mit Menschen zu tun. Sie sind nicht anders als wir und ebenso leicht zu verführen wie wir.

KRIEGSMINISTER Sie wollen ihnen Geld anbieten?

WOOD Etwas Besseres: Macht.

MINISTER FÜR AUSSERIRDISCHE GEBIETE Was haben Sie vor?

WOOD Wir erkennen Smith und Petersen als Bevollmächtigte an und ernennen sie damit, da es keine Regierung auf der Venus gibt, zur Regierung.

KRIEGSMINISTER Wir können doch nicht eine Regierung aus dem Nichts gründen.

WOOD Aus dem Nichts, aber nicht mit nichts, Kriegsminister. Wir sichern dieser Regierung die Unterstützung und die Macht der vereinigten Staaten des freien Teils der Erde zu.

MINISTER FÜR AUSSERIRDISCHE GEBIETE Ich möchte meine warnende Stimme erheben. Petersen ist ein Verbrecher.

WOOD Und? Viele Regierungen, mit denen wir auf der

Erde verbündet sind, bestehen aus Verbrechern. Zweitens versprechen wir allen Bewohnern des Planeten die Rückkehr zur Erde, wenn sie mit uns die Russen besiegt haben werden.

KRIEGSMINISTER Geht dies nicht zu weit?

WOOD Wir müssen weit gehen, wenn wir ein weites Ziel erreichen wollen.

MINISTER FÜR AUSSERIRDISCHE GEBIETE Wo sollen wir sie denn ansiedeln, um Himmels willen? Ich möchte meine warnende –

WOOD Jedes Klima auf der Erde wird ihnen paradiesisch erscheinen.

Schweigen.

MANNERHEIM Eure Exzellenz.

WOOD Was wollen Sie denn, Mannerheim?

MANNERHEIM Wenn die Bewohner der Venus nicht wollen?

WOOD Was sollen sie denn nicht wollen?

MANNERHEIM Zurückkehren, Eure Exzellenz.

WOOD *ärgerlich* Unsinn, Mannerheim. Es gibt keine Hölle, die man nicht gern verläßt.

MANNERHEIM Denken Sie an Bonstetten. Er ist geblieben. Und andere Kommissäre auch.

WOOD Da machen Sie sich keine Sorgen, junger Mann. Ich kenne Bonstetten. Habe mit ihm in Oxford und Heidelberg studiert. War ein weltfremder Mensch mit konfusen Ideen. Die Venus wird ihn gründlich kuriert haben, darauf können Sie sich verlassen. Werden staunen, wie freudig er mit uns zurückreist.

MANNERHEIM Und so kehrten wir denn zurück.

Aufnahme der zweiten Landung auf der Venus. Donner, Regen.

MANNERHEIM Die Exzellenzen schreiten gegen den Strand, mit Armeemänteln gegen den Regen und gegen den Sand geschützt. Der Regen ist heiß, der Sand fast glühend. Die Temperatur an die fünfzig Grad. Eine Frau kommt uns entgegen. Ich schätze sie auf dreißig Jahre. Sie ist wie die Männer gekleidet, ohne Schutz gegen die Wassermassen, die heruntertosen.

Donner, manchmal näher, manchmal ferner.

IRENE Sie sind Herr Wood?

WOOD Gewiß.

IRENE Ich bin Irene.

WOOD Sie wollen uns zu Herrn Smith und Herrn Petersen führen.

IRENE Smith und Petersen können nicht kommen.

KRIEGSMINISTER Wir haben doch abgemacht –

IRENE Sie haben einen Wal gesichtet; wir nennen diese Tiere so. Sie sind zwar anders als die Wale auf der Erde, aber man kann sie essen. Die meisten Tiere hier können wir nicht essen. Es ist wichtig für uns, daß wir Wale jagen.

MINISTER FÜR AUSSERIRDISCHE GEBIETE *verzweifelt* Bei allem Respekt vor diesen eßbaren Walen, die ja auch ein wenig in meine Domäne fallen, da ich der Minister für außerirdische Gebiete bin: Mit wem sollen wir jetzt verhandeln?

IRENE Mit mir.

KRIEGSMINISTER *verwundert* Mit Ihnen?

IRENE Ich bin die neue Bevollmächtigte. Petersen hat mir alles erzählt. Wir können in der Kantine des Spitalschiffs verhandeln, wo ich Schwester bin. Der Arzt hat es mir erlaubt. Aber nicht lange, hat er gesagt.

Donner.

MANNERHEIM Die achte Aufnahme. Kantine des Spitalschiffs. Primitiv. Alles naß. Der Verhandlung mit der Krankenschwester geht ein Gespräch der Minister voraus.

KRIEGSMINISTER *leise* Gehen wir zurück.

MINISTER FÜR AUSSERIRDISCHE GEBIETE Ich habe stets meine warnende Stimme –

KRIEGSMINISTER Ihr Plan ist gescheitert, Wood.

WOOD Aber warum denn?

KRIEGSMINISTER Sie wollten Smith und Petersen als Regierung anerkennen, und nun sind sie Wale fischen gegangen!

MINISTER FÜR AUSSERIRDISCHE GEBIETE Noch nie ist eine diplomatische Mission auch nur annähernd so beleidigt worden. Man hält uns in einer verstunkenen Kantine zum Narren.

KRIEGSMINISTER Wenn wir nicht die Russen auf dem Buckel hätten, wäre es unsere Pflicht, diesen Kerlen den Krieg zu erklären. Wir haben schließlich unseren irdischen Stolz!

WOOD Nun?

Schweigen.

KRIEGSMINISTER Sir Horace Wood! Heißt das, daß Sie diese Krankenschwester zur Regierung der Venus ernennen wollen?

WOOD Natürlich.

MINISTER FÜR AUSSERIRDISCHE GEBIETE Das ist doch unmöglich!

WOOD Ein Spiel geht erst dann verloren, wenn man nicht mehr mitspielt.

KRIEGSMINISTER Wood, das ist mir zu hoch. Ich verstehe von Politik überhaupt nichts mehr!

WOOD Nur die Politik von Eseln ist zu verstehen, lieber Kriegsminister.

Stöhnen, Schreien von irgendwo.

WOOD Was hört man denn da für ein Stöhnen, Mannerheim?

MANNERHEIM Ich glaube, eine Geburt, Eure Exzellenz.

MINISTER FÜR AUSSERIRDISCHE GEBIETE Darum ist die Irene verschwunden –

KRIEGSMINISTER Wir werden zwischen Wöchnerinnen verhandeln müssen.

MINISTER FÜR AUSSERIRDISCHE GEBIETE Diese Hitze!

KRIEGSMINISTER Da kommt die Krankenschwester endlich zurück.

IRENE Meine Herren. Ich habe meinen Mann mitgebracht. Er ist taubstumm. Ein Leiden, das hier oft vorkommt. Er wird eine Suppe essen, wir haben keinen andern Raum.

Schweigen.

WOOD Aber gewiß doch.

IRENE Was haben Sie uns zu sagen?

WOOD Als Chef unserer Mission darf ich die Mitteilung machen, daß die vereinigten freien Staaten der Erde Sie als Bevollmächtigte offiziell anerkennen und damit als Staatsoberhaupt.

IRENE Das verstehe ich nicht.

WOOD Wir würdigen durchaus den Umstand, daß die Bevölkerung der Venus keine Regierung braucht, bedingt durch die Abgeschlossenheit des Planeten vom übrigen Sonnensystem. Doch da nun die vereinigten freien Staaten der Erde die Venus politisch anerkennen, ist eine Regierung formell notwendig: Der Bevollmächtigte der Venus ist daher automatisch mit der Regierung der Venus identisch.

IRENE Ich bin Krankenschwester. Ich verstehe kein Wort von dem, was Sie sagen.

WOOD Auch nicht nötig. Dies ist ein rein diplomatisch-arbeitstechnischer Vorgang, der uns erlaubt, mit der Bevölkerung der Venus Verträge abzuschließen.

IRENE *etwas ungeduldig* Gut. Wenn Sie durchaus wollen. Ich bin das Staatsoberhaupt.

WOOD *freudig* Ich denke mir nun einen feierlichen Staatsakt. Wir rufen möglichst viele Venusbewohner zusammen.

IRENE Wieso denn?

MINISTER FÜR AUSSERIRDISCHE GEBIETE Um Sie als Staatsoberhaupt einzusetzen.

IRENE Das haben Sie doch getan.

KRIEGSMINISTER Das muß öffentlich geschehen.

WOOD Die Bewohner der Venus haben das Recht, zu wissen, daß sie nun endlich eine Regierung besitzen, die international anerkannt worden ist. Ich bin überzeugt, daß auch der Mars die Venus anerkennen wird.

IRENE Das interessiert doch keinen Menschen.

MINISTER FÜR AUSSERIRDISCHE GEBIETE *empört* Gnädige Frau!

IRENE Ich bin die Regierung der Venus nur in bezug auf die Erde. Sie haben den Bevollmächtigten zum Staatsoberhaupt erklärt. Das ist Ihre Sache. Ich bin zufällig dieser Bevollmächtigte, weil ich diesen Nachmittag frei habe. Morgen wird es ein anderer sein, falls sich jemand noch frei machen kann. Ich sagte schon, daß die Waljagd begonnen hat.

MINISTER FÜR AUSSERIRDISCHE GEBIETE Man kann doch unmöglich jeden Tag die Regierung wechseln!

IRENE Sie brauchen eine Regierung bei uns, nicht wir.

KRIEGSMINISTER Wir drehen uns im Kreise herum.

MINISTER FÜR AUSSERIRDISCHE GEBIETE Und dabei diese Hitze! Diese schwüle, unheimliche Hitze!

IRENE Was wollen Sie eigentlich von uns?

WOOD Gnädige Frau –

IRENE Sagen Sie doch nicht immer gnädige Frau zu mir. Ich bin Irene.

WOOD Irene. Es gilt, die Freiheit zu verteidigen.

IRENE Wieso denn?

MINISTER FÜR AUSSERIRDISCHE GEBIETE *stöhnend* Gnädige Frau!

Ein Schrei nebenan: Nein! Nein!

IRENE Verzeihen Sie. Nebenan muß eine Amputation vorgenommen werden, und wir haben keine Mittel zur Narkose.

KRIEGSMINISTER O bitte.

MINISTER FÜR AUSSERIRDISCHE GEBIETE Diese Hitze, ich halte einfach diese Hitze nicht aus.

WOOD Die Frage, Irene, wieso denn die Freiheit verteidigt werden müsse, stellt sich gewiß noch nicht auf diesem glücklichen Planeten – was seine politische Lage betrifft –, wohl aber auf dem unsrigen, und es ist zweifellos, daß sie sich auch hier stellen wird, falls die Mächte siegen, welche die Freiheit auf der Erde bedrohen. Die vereinigten freien Staaten werden von Rußland bedroht und seinen Satelliten –

MANNERHEIM Da die Rede seiner Exzellenz, in der er der Krankenschwester unsern Standpunkt erläutert, stark beschädigt ist, teils durch eine fehlerhafte Aufnahme, teils auch gestört durch die Amputation, gehe ich gleich zur Wiedergabe der sich anschließenden Verhandlungen über.

MINISTER FÜR AUSSERIRDISCHE GEBIETE Diese Hitze –

Stöhnen.

WOOD Unser Standpunkt, unsere Wünsche und unser Angebot dürften somit der Regierung der Venus klar sein.

IRENE Sie wünschen demnach, daß wir an einem Krieg gegen Rußland teilnehmen?

WOOD Gewiß.

IRENE Wir sind von Rußland nicht bedroht.

Schweigen.

KRIEGSMINISTER Ich habe an Sie eine Frage zu stellen, Irene.

IRENE Fragen Sie.

KRIEGSMINISTER Sie sind – eine Russin?

IRENE Ich war eine Polin und bin vor sechs Jahren deportiert worden.

MINISTER FÜR AUSSERIRDISCHE GEBIETE *mit schwacher Stimme* Ohne Zweifel, weil Sie die hehren Ideale der Freiheit, der Humanität und der Privatwirtschaft vertraten?

IRENE Ich war eine Straßendirne.

Schweigen.

WOOD Mein liebes Kind –

IRENE Sie vergessen, daß Sie mit einem Staatsoberhaupt reden.

WOOD Gnädige Frau. Ich gebe noch einmal das feierliche Versprechen, daß die Bewohner der Venus die Erlaubnis erhalten werden, auf die Erde zurückzukehren, wenn sie auf unserer Seite am Krieg teilnehmen.

IRENE Wir wollen nicht zurück.

Schweigen.

WOOD Gnädige Frau. Vergessen Sie nicht, daß Sie nun im Namen aller sprechen. Ich kann es verstehen, daß Sie aus persönlichen Gründen nicht zurückkehren wollen, aber es sind Menschen hier, die man auf die Venus verbannte, weil sie für die Freiheit auf der Erde kämpften, für ein würdiges Leben: Die werden zurückkehren wollen.

IRENE Ich kenne niemanden, der zurückkehren will.

MINISTER FÜR AUSSERIRDISCHE GEBIETE Diese Hitze – diese Hitze –

MANNERHEIM Der Minister für außerirdische Gebiete ist in Ohnmacht gefallen, Eure Exzellenz.

WOOD Untersuchen Sie ihn, Mannerheim.

MANNERHEIM Wir müssen ins Raumschiff zurück, Exzellenz. Er ist in Lebensgefahr.

KRIEGSMINISTER Auch ich halte es nicht mehr aus, Wood. Ich bin naß von Schweiß, und Sie sind totenbleich.

WOOD *mühsam* Gut, Costello. Wir brechen auf. Schwester Irene, wird mein Vorschlag den Bewohnern der Venus unterbreitet?

IRENE Wenn Sie es wünschen.

WOOD *heftig* Ich wünsche es. Sie scheinen sich über die Bedeutung unserer Mission nicht im klaren zu sein. Wir kehren auf unser Raumschiff zurück und kommen morgen wieder. Mit wem wir dann verhandeln, wissen wir nicht. Aber wir müssen die Gewißheit haben, daß unser Vorschlag der Bevölkerung der Venus unterbreitet wird.

IRENE Wenn Sie Wert darauf legen.

MANNERHEIM Die neunte Aufnahme. In der Kabine Seiner Exzellenz an Bord der Wega, tausendfünfhundert Kilometer außerhalb der Venus.

Schweres Atmen.

MANNERHEIM Nun eine Kalziumspritze.

WOOD Wie Sie wünschen.
MANNERHEIM Ich lasse noch etwas Sauerstoff in die Kabine.

Ein leises Zischen.

WOOD Wie geht es dem Minister?
MANNERHEIM Schlecht.
WOOD Dem Kriegsminister?
MANNERHEIM Auch nicht besonders. Und der Staatssekretär für die Venus hat beim Aufstieg einen Schlag erlitten.
WOOD Tut mir leid. Sein Zustand?
MANNERHEIM Hoffnungslos.
WOOD Ich selbst?
MANNERHEIM Eiweiß.
WOOD Habe ich oft.
MANNERHEIM Die Blutsenkung unbefriedigend.
WOOD Na wenn schon.
MANNERHEIM Erhöhte Temperatur.
WOOD Das kommt vom Ärger, Mannerheim.
MANNERHEIM Der Kriegsminister, Eure Exzellenz.
WOOD Setzen Sie sich auf mein Bett, Kriegsminister.
KRIEGSMINISTER Danke. Habe es auch nötig. Zuerst haben wir mit einem Mörder und einem Kommunistensohn verhandelt, dann mit einer Straßendirne, die wir zum Staatsoberhaupt ernannten. Nimmt mich wunder, mit wem wir das nächste Mal konferieren. Wohl mit einem Straßenputzer und mit einem Lustmörder. Sollten uns andere Verhandlungspartner suchen.
WOOD Es gibt nur einzelne Schiffe, die irgendwo in den

Ozeanen herumtreiben, und die können wir nicht finden.

KRIEGSMINISTER Durch Funk.

WOOD Niemand antwortet.

KRIEGSMINISTER Daß man sich nicht einmal für uns interessiert, macht mich so wütend. Die Kerle könnten doch wenigstens neugierig sein.

MANNERHEIM Oberst Roi wünscht Exzellenz zu sprechen.

Schweigen.

WOOD Bitte.

Schweigen.

ROI Exzellenz.

WOOD *langsam* Was wünschen Sie, Oberst Roi?

ROI Das wissen Eure Exzellenz.

WOOD *zögernd* Sie kommen, mich an unser Gespräch zu erinnern.

ROI Gewiß, Exzellenz.

WOOD Wie viele – Geschosse – haben wir an Bord?

ROI Zehn.

Schweigen.

WOOD Auf Befehl des Präsidenten der vereinigten freien Staaten?

ROI Auf Befehl des Präsidenten.

Schweigen.

KRIEGSMINISTER Ich weiß, es ist unangenehm. Jetzt, wo Sie ständig mit Idealen gekommen sind, Wood. Aber schicken Sie doch einfach einen Staatssekretär mit einem Ultimatum zu den Leuten –

Schweigen.

WOOD Ich werde gehen, Kriegsminister. Allein mit Mannerheim.

MANNERHEIM Die zehnte Aufnahme. Seine Exzellenz und ich sind vom taubstummen – Gatten – der Straßendirne in die Kantine des Spitalschiffs geleitet worden, wo uns ein hagerer, etwa sechzigjähriger Mann im Halbdunkel des nassen Raumes erwartet.

BONSTETTEN Es fällt mir schwer, dich willkommen zu heißen, Wood. Du kommst in einer traurigen Mission.

WOOD Du bist –

BONSTETTEN Bonstetten. Du studiertest mit mir in Oxford und Heidelberg.

WOOD Du hast dich verändert.

BONSTETTEN Ziemlich.

WOOD Wir haben zusammen Plato gelesen und Kant.

BONSTETTEN Eben.

WOOD Ich hätte mir denken sollen, daß du hinter dem allem steckst.

BONSTETTEN Ich stecke hinter nichts.

WOOD Du bist unser Kommissär gewesen und wirst dich der Venus bemächtigt haben.

BONSTETTEN Unsinn. Ich bin Arzt geworden, und dies ist meine freie Stunde. Nun bin ich der Bevollmächtigte und werde mit dir reden.

WOOD Der russische Kommissär?

BONSTETTEN Jagt Wale. Hast du eine Zigarette?

WOOD Mannerheim wird dir eine anbieten.

BONSTETTEN Seit zehn Jahren habe ich keine mehr geraucht. Neugierig, wie das wieder schmeckt.

MANNERHEIM Feuer?

BONSTETTEN Danke.

WOOD So weißt du Bescheid?

BONSTETTEN Natürlich. Irene hat mir alles erzählt. Nett, daß ihr sie zum Staatsoberhaupt ernannt habt. Wir nennen sie nur noch Exzellenz.

WOOD Die andern sind benachrichtigt?

BONSTETTEN Wir haben nach den Schiffen gefunkt, ob jemand zurückkehren wolle.

WOOD Die Antwort?

BONSTETTEN Niemand.

Schweigen.

WOOD Ich bin müde, Bonstetten. Ich muß mich setzen.

BONSTETTEN Du wirst Eiweiß haben und erhöhte Temperatur. Das haben wir alle die erste Zeit hier.

Schweigen.

WOOD Niemand von euch will zurück.

BONSTETTEN Es ist nun einmal so.

WOOD Ich kann es nicht begreifen.

BONSTETTEN Du kommst von der Erde. Darum kannst du es nicht begreifen.

WOOD Ihr seid doch auch von der Erde.
BONSTETTEN Das haben wir vergessen.
WOOD Hier kann man doch nicht leben!
BONSTETTEN Wir können es.
WOOD Dann muß es ein fürchterliches Leben sein.
BONSTETTEN Ein richtiges Leben.
WOOD Was verstehst du darunter?
BONSTETTEN Was wäre ich auf der Erde, Wood? Ein Diplomat. Irene? Eine Dirne. Wieder andere wären Verbrecher und einige Idealisten, verfolgt von irgendeiner Staatsmaschine.

Schweigen.

WOOD Und nun?
BONSTETTEN Du siehst, ich bin Arzt.
WOOD Und operierst ohne Narkose.
BONSTETTEN Die Zigarette schmeckt nicht mehr. Sie ist naß geworden in dieser Feuchtigkeit und qualmt nur.

Schweigen.

WOOD Ich habe Durst.
BONSTETTEN Hier hast du abgekochtes Wasser.
WOOD Das verteufelte Licht in den Luken, zitronengelb, der stinkige Dampf dieser Luft macht mich schwindlig.
BONSTETTEN Es gibt keine andere Luft, nur das Licht wechselt. Zitronengelb, manchmal wie gleißendes Silber, oft auch sandig rot.
WOOD Ich weiß.
BONSTETTEN Alles müssen wir uns selber schaffen. Werk-

zeuge, Kleider, Schiffe, Funkapparate, Waffen gegen die riesenhaften Tiere. Alles fehlt. Die Erfahrung. Das Wissen. Das Gewohnte. Das Vertrauen in den Boden, der sich ständig ändert. Keine Medikamente: Pflanzen, Früchte, die wir nicht kennen, die meisten giftig. Selbst an das Wasser kann man sich nur langsam gewöhnen.

WOOD Es schmeckt scheußlich.

BONSTETTEN Es ist trinkbar.

Schweigen.

WOOD Was habt ihr gegen die milde Erde eingetauscht? Dampfende Ozeane. Brennende Kontinente, rot glühende Wüsten. Ein tosender Himmel. Welche Erkenntnis habt ihr dafür bekommen?

BONSTETTEN Der Mensch ist etwas Kostbares und sein Leben eine Gnade.

WOOD Lächerlich. Diese Erkenntnis haben wir auf der Erde schon lange.

BONSTETTEN Nun? Lebt ihr nach dieser Erkenntnis?

Schweigen.

WOOD Und ihr?

BONSTETTEN Die Venus zwingt uns, nach unseren Erkenntnissen zu leben. Das ist der Unterschied. Wenn wir hier einander nicht helfen, gehen wir zugrunde.

WOOD Darum bist du auch nicht mehr zurückgekehrt.

BONSTETTEN Darum.

WOOD Und hast die Erde verraten.

BONSTETTEN Ich desertierte.

WOOD In eine Hölle, die ein Paradies ist.

BONSTETTEN Wir müßten töten, wenn wir zurück wollten, denn helfen und töten ist bei euch dasselbe. Wir können nicht mehr töten.

Schweigen.

WOOD Wir müssen vernünftig sein. Auch ihr seid in Gefahr. Wenn die Russen uns besiegen, werden sie hierher kommen.

BONSTETTEN Wir fürchten uns nicht.

WOOD Ihr schätzt die politische Lage falsch ein.

BONSTETTEN Du vergißt, daß wir die Strafkolonie der ganzen Erde sind. Die Menschheit schickt sich an, um den Besitz der schönen Zimmer und der einträglichen Grundstücke zu kämpfen, nicht um die Abfallgrube, die allen gemeinsam ist. Für uns interessiert sich niemand. Ihr braucht uns jetzt nur, um uns wie Hunde vor den Wagen eures Krieges zu spannen. Ist der Krieg zu Ende, fällt auch dieser Grund dahin. Doch ihr könnt uns zwar hierher schicken, aber nicht zur Rückkehr zwingen. Ihr habt keine Macht über uns. Ihr habt uns aus der Menschheit entlassen. Die Venus ist nur fürchterlicher als ihr. Wer auch immer ihren Boden betritt, fällt unter ihr Gesetz, in welcher Eigenschaft er auch komme, und es wird ihm keine andere Freiheit gewährt als die ihre.

WOOD Die Freiheit, zu krepieren.

BONSTETTEN Die Freiheit, recht zu handeln und das Notwendige zu tun. Auf der Erde konnten wir es nicht. Auch ich nicht. Die Erde ist zu schön. Zu reich. Ihre

Möglichkeiten sind zu groß. Sie verführt zur Ungleichheit. Auf ihr ist Armut eine Schande, und so ist sie geschändet. Nur hier ist die Armut etwas Natürliches. An unserer Nahrung, an unseren Werkzeugen klebt nur unser Schweiß, noch nicht Ungerechtigkeit wie auf der Erde. Und so haben wir Furcht vor ihr. Furcht vor ihrem Überfluß, Furcht vor dem falschen Leben, Furcht vor einem Paradies, das eine Hölle ist.

Schweigen.

WOOD Ich muß dir die Wahrheit sagen, Bonstetten. Wir haben Bomben bei uns.

BONSTETTEN Atombomben?

WOOD Wasserstoffbomben.

BONSTETTEN Mit einem Kobaltmantel darum?

WOOD Mit einem Kobaltmantel.

BONSTETTEN Ich dachte es.

WOOD Ich war ahnungslos. Es geschah auf Befehl des Präsidenten. Ich war überrascht, als ich es gestern vernahm, Bonstetten.

BONSTETTEN Ich glaube dir ja.

WOOD Es ist mir natürlich peinlich. Aber wir sind in einer verzweifelten Lage. An unserem guten Willen kann nicht gezweifelt werden. Die Freiheit und die Humanität werden sich schließlich durchsetzen.

BONSTETTEN Natürlich.

WOOD Wir sind einfach momentan gezwungen, scharfe Maßnahmen zu ergreifen.

BONSTETTEN Selbstverständlich.

WOOD Es tut mir wirklich leid, Bonstetten.

Schweigen.

BONSTETTEN Ihr setzt die Bomben ein, wenn wir euch nicht helfen?
WOOD Wir müssen.
BONSTETTEN Wir können euch nicht hindern.

Schweigen.

WOOD Ihr seid verloren.
BONSTETTEN Viele. Andere werden entkommen. Die Schiffe waren gewarnt, als ihr kamt. Sonst lebten wir nahe beieinander, doch nun sind wir über den ganzen Planeten verstreut.
WOOD Ihr habt alles vorausgeahnt?
BONSTETTEN Wir waren schließlich auch einmal auf der Erde.

Schweigen.

WOOD Ich muß nun gehen.
BONSTETTEN Du wirst dich erholen müssen, wenn du zurückkehrst. Geh in die Schweiz. Ins Engadin. Ich war einmal dort im letzten Sommer vor fünfzehn Jahren. Ich vergesse nie die Bläue dieses Himmels.
WOOD Ich fürchte – die politische Lage –
BONSTETTEN Natürlich. Eure politische Lage. Daran habe ich gar nicht gedacht.
WOOD Du hast noch Familie auf der Erde. Deine Frau, zwei Söhne – hast du ihnen eine Nachricht zu geben?
BONSTETTEN Nein.
WOOD Leb wohl.
BONSTETTEN Stirb wohl, willst du sagen. Mein Spitalschiff wird deinen Bomben nicht entgehen.

WOOD Bonstetten!

BONSTETTEN Der Mann Irenes bringt dich an Land.

WOOD Wir setzen die Bomben natürlich nicht ein, Bonstetten. Ich habe nur damit gedroht. Da wir euch nicht zwingen können, wäre dies nur eine sinnlose Grausamkeit. Ich gebe dir mein Wort.

BONSTETTEN Ich nehme es dir nicht ab.

WOOD Ich bin kein Schlächter.

BONSTETTEN Aber ein Mensch von der Erde. Du kannst die Tat nicht zurücknehmen, die du denken konntest.

WOOD Ich verspreche dir –

BONSTETTEN Du wirst dein Versprechen brechen. Deine Mission ist gescheitert. Noch hast du Mitleid mit mir. Doch wenn du auf dein Schiff zurückkehrst, wird dein Mitleid verblassen und dein Mißtrauen erwachen. Die Russen könnten kommen und mit uns ein Abkommen schließen, wirst du denken. Du wirst zwar wissen, daß dies unmöglich ist, daß wir die Russen behandeln würden, wie wir euch behandelt haben, aber an deinem Wissen wird ein Stäubchen Furcht kleben, daß wir uns doch vielleicht mit euren Feinden verbünden könnten, und um dieses Stäubchens Furcht willen, um dieser leichten Unsicherheit willen in deinem Herzen wirst du die Bomben abwerfen lassen. Auch wenn sie sinnlos sind, auch wenn du Unschuldige triffst, und so werden wir sterben.

WOOD Du bist mein Freund, Bonstetten. Ich kann doch einen Freund nicht töten!

BONSTETTEN Man tötet leicht, wenn man sein Opfer nicht sieht, und du wirst mich nicht sterben sehen.

WOOD Das sagst du, als wäre es etwas Leichtes, zu sterben!

BONSTETTEN Alles Notwendige ist leicht. Man muß es nur annehmen. Und das Notwendigste, das Natürlichste auf diesem Planeten ist der Tod. Er ist überall und zu jeder Zeit. Zu große Hitze. Zuviel Strahlung. Selbst das Meer radioaktiv. Überall Würmer, die unter unsere Haut, in unsere Eingeweide dringen, Bakterien, die unser Blut vergiften, Viren, die unsere Zellen zerstören. Die Kontinente voll unpassierbarer Sümpfe, überall kochende Ölmeere und Vulkane, stinkende Riesentiere. Wir fürchten eure Bomben nicht, weil wir mitten im Tode leben und lernen mußten, ihn nicht mehr zu fürchten.

Schweigen.

WOOD Ihr seid unangreifbar in der Festung eurer Armut und eurer Todesnähe.

BONSTETTEN Geh jetzt.

WOOD Bonstetten. Ich bewundere dich. Du hast recht und ich unrecht. Ich gebe es zu.

BONSTETTEN Das ist lieb von dir.

WOOD Was du über eure Armut und über euer gefährdetes Leben gesagt hast, berührt mich tief.

BONSTETTEN Das ist schön von dir.

WOOD Wenn ich jetzt nicht Außenminister der freien vereinigten Staaten der Erde wäre, würde ich bei dir bleiben.

BONSTETTEN Das ist edel von dir.

WOOD Aber ich kann natürlich die Erde nicht einfach im Stich lassen.

BONSTETTEN Das ist ja klar.

WOOD Es ist tragisch, daß ich in dieser Hinsicht nicht frei bin.

BONSTETTEN Du mußt nicht traurig sein.

WOOD Die Bomben werden nicht abgeworfen.

BONSTETTEN Wir wollen jetzt nicht mehr darüber sprechen.

WOOD Mein Wort.

BONSTETTEN Leb wohl.

MANNERHEIM Die elfte Aufnahme. Das Raumschiff Wega fliegt zur Erde zurück.

ROI Eure Exzellenz?

WOOD Die Verhandlungen sind ergebnislos verlaufen, Oberst Roi.

ROI Dann lasse ich die Bomben abwerfen, Exzellenz?

Schweigen.

ROI Exzellenz müssen sich nun entscheiden.

Schweigen.

ROI Der Präsident hat befohlen.

Schweigen.

WOOD Wenn der Präsident befohlen hat, Oberst Roi, lassen Sie die Bomben eben abwerfen. Möglichst gleichmäßig über die Venus verteilt.

ROI Bereit zum Start.

EINE STIMME Bereit zum Start.

WOOD Führen Sie mich in meine Kabine, Mannerheim.

Schritte.

MANNERHEIM Ich schnalle Sie an, Exzellenz.
WOOD Bitte.
MANNERHEIM Geht es so, Exzellenz?
WOOD Gefesselt.
MANNERHEIM Das rote Licht, Exzellenz. In zwanzig Sekunden starten wir.

Schweigen.

MANNERHEIM Noch zehn Sekunden.
WOOD Gescheitert.
MANNERHEIM Wir starten.

Leiser Summton.

WOOD Mannerheim?
MANNERHEIM Exzellenz?
WOOD Die Russen könnten kommen und mit ihnen einen Pakt schließen.
MANNERHEIM Eben.
WOOD Es ist zwar unwahrscheinlich, aber doch möglich.
MANNERHEIM Leider.
ROI Bomben bereit?
EINE STIMME Bereit.
WOOD Diese Möglichkeit, so unwahrscheinlich sie ist, zwingt uns, die Bomben zu werfen.
ROI Öffnet die Luken!
EINE STIMME Geöffnet.

WOOD Wir müssen sichergehen.

MANNERHEIM Sicher, Exzellenz.

ROI Bomben abwerfen!

EINE STIMME Abgeworfen.

WOOD Welche Höhe haben wir?

MANNERHEIM Hundert Kilometer.

ROI Höchstgeschwindigkeit einschalten!

EINE STIMME Eingeschaltet.

WOOD Wie geht es dem Minister für außerirdische Gebiete?

MANNERHEIM Er lebt auf.

WOOD Dem Kriegsminister?

MANNERHEIM Wieder der alte.

WOOD Auch mir geht es wieder besser.

MANNERHEIM Morgen findet ein Ministerrat statt.

WOOD Die Politik geht weiter.

ROI Bomben im Ziel?

EINE STIMME Im Ziel.

Schweigen.

WOOD Die Wirkung?

MANNERHEIM Unbeobachtbar. Aber wir können es uns ja denken.

Schweigen.

WOOD Mich ekelt dies alles. Diese Venus ist fürchterlich. Sind schließlich alles Verbrecher da oben. Bin sicher, daß Bonstetten sich mit den Russen verbünden wollte. War schmutziges Theater, das sie uns vorspielten.

MANNERHEIM Glaube ich auch, Exzellenz.

WOOD Nun sind die Bomben gefallen, und bald werden sie auch auf der Erde fallen. Froh, daß ich einen atombombensicheren Keller habe. Von Amts wegen. Und Ferien, die hat ein Außenminister im Krieg ja immer. Nur aufs Fischen werde ich verzichten müssen. Werde Klassiker lesen. Am besten Thomas Stearns Eliot. Der beruhigt mich am meisten. Es gibt nichts Ungesünderes als spannende Lektüre.

MANNERHEIM Da haben Exzellenz ein goldenes Wort geprägt.

Kabarett

1949

Der Gerettete

An einem Tisch Dr. Matthias Blauhals, von einer immer klaren Sachlichkeit, und vor ihm, auf zwei Krücken, von Meerwasser triefend und in einem trostlosen Zustand, Armin Schlucker mit nur einem Bein, der Gerettete.

BLAUHALS Auf ihren Hilferuf hin sind Sie eben vom Amt für Schiffbrüchige aus dem Meer gezogen worden.

SCHLUCKER *atemlos* Ich bin gerettet.

BLAUHALS Sie sind gerettet.

SCHLUCKER *sich etwas erholend* Es ist ein Wunder, daß meine verzweifelten Schreie auf der Arche gehört worden sind.

BLAUHALS Das Amt für Schiffbrüchige ist ein Wunder. Es ist laut den Gesetzen der Arche berechtigt, jene Schiffbrüchigen zu retten, deren Hilferufe deutlich vernehmbar sind. Sie haben außerordentlich laut geschrien.

SCHLUCKER Ich bin dem Amt für Schiffbrüchige außerordentlich dankbar, daß es mich gerettet hat.

BLAUHALS Ihr Name?

SCHLUCKER Mein Name ist Armin Schlucker.

BLAUHALS Armin Schlucker, Sie sind von jener Arche gerettet worden, die als erste die Demokratie in die Schiffahrt eingeführt hat. Auch ist sie als die humanste und solideste Arche dieser Route bestens renommiert. Die Preise sind im allgemeinen dem guten Mittelstand angepaßt und richten sich nach den Bedürfnissen der mittleren Kapitalisten. Der Viehbestand ist außerordentlich gut erhalten.

SCHLUCKER *freudig* Ich freue mich, gerade von diesem Schiff gerettet worden zu sein.

BLAUHALS Unsre Arche wird mit Recht von den Fremden als ein Paradies bezeichnet.

SCHLUCKER Ich darf mit besonderem Vertrauen in die Zukunft blicken.

BLAUHALS Mein Name ist Dr. Matthias Blauhals, Chef des Amtes für Schiffbrüchige.

SCHLUCKER *mit Hochachtung* Ich habe Ihren Namen schon gehört, Herr Doktor.

BLAUHALS Mein Name ist überall bekannt.

SCHLUCKER Ich hörte einige Haifische von Ihnen mit der größten Hochachtung sprechen.

BLAUHALS Die Begriffe der Menschlichkeit und der Nächstenliebe, die sich mit meinem Namen verbinden, flößen dank der Tätigkeit des Amtes für Schiffbrüchige selbst solchen Bestien Respekt ein. Die Haifische haben Sie verschont?

SCHLUCKER Außer einem Bein kam ich mit heiler Haut davon.

BLAUHALS Die Bestien wußten ohne Zweifel, daß Sie einmal vor dem Amt für Schiffbrüchige stehen würden, Armin Schlucker, sonst wären Sie ganz gefressen worden. Wer im Meere schwimmt, den rette ich. Ohne meinen Willen wird niemand aufgefressen.

SCHLUCKER Sie verdienen es, Vater der Menschheit genannt zu werden.

BLAUHALS Ihre Dankbarkeit wird um so größer sein, wenn Sie vernehmen, daß die Stelle des Meeres besorders tief ist, an der Sie gerettet worden sind. Während die Tiefe des Meeres durchschnittlich tausend Meter beträgt, wurden dort zehntausend Meter gemessen.

SCHLUCKER Wenn mir auch tausend Meter zum Ertrinken genügen, so bin ich doch dem Amt für Schiffbrüchige besonders dankbar.

Schlucker hat sich während der ganzen Zeit nach einem Stuhl umgeschaut.

BLAUHALS Suchen Sie etwas?

SCHLUCKER Ich bin müde.

BLAUHALS Hat Sie die Flucht hergenommen?

SCHLUCKER Ich bin vollständig erschöpft.

BLAUHALS Ist dies das erste Mal, daß Sie schiffbrüchig sind, Armin Schlucker?

SCHLUCKER Das erste Mal, Herr Doktor.

BLAUHALS Aber es ist nicht das erste Mal, daß das Amt für Schiffbrüchige gerettet hat, Armin Schlucker. Wie lange schwammen Sie im Meer?

SCHLUCKER Vierundzwanzig Stunden.

BLAUHALS Das Amt für Schiffbrüchige rettet schon seit mehr als fünfzehn Jahren. Überlegen Sie sich nun, wie viel erschöpfter das Amt für Schiffbrüchige sein muß als Sie mit ihren vierundzwanzig Stunden. Sie überschätzen Ihre Müdigkeit und unterschätzen die des Amtes für Schiffbrüchige.

SCHLUCKER *schlotternd* Ich werde mich zusammennehmen.

BLAUHALS Sie schlottern, Armin Schlucker.

SCHLUCKER Es ist kalt.

BLAUHALS Das Amt für Schiffbrüchige hat am Nordpol an diesem Tisch drei Stunden lang vier Gerettete verhört, ohne so geschlottert zu haben, wie Sie es jetzt in der gemäßigten Zone mit einer für diese Jahreszeit außerordentlichen Meerestemperatur von zwei Grad über Null tun.

SCHLUCKER *eingeschüchtert* Ich werde nicht mehr schlottern, Herr Dr. Blauhals.

BLAUHALS Das Amt für Schiffbrüchige vermißt bei Ihnen jene männliche Haltung, die es auf dieser demokratischsten und humansten Arche der Welt als selbstverständlich ansieht.

SCHLUCKER *schwach* Ich gebe mir die größte Mühe, Haltung zu bewahren, Herr Dr. Blauhals.

BLAUHALS Das Amt für Schiffbrüchige muß nun wissen, mit welcher Arche Sie Schiffbruch erlitten haben, Armin Schlucker.

SCHLUCKER *finster* Meine Geschichte ist düster.

BLAUHALS Keine noch so düstere Geschichte hat es je vermocht, das Amt für Schiffbrüchige aus den Angeln zu heben.

SCHLUCKER Der Abschaum der Menschheit hatte sich meiner Arche bemächtigt, und ich sprang ins Meer, um der Sklaverei der Seeräuber zu entgehen.

BLAUHALS Es wird schwer sein, Ihre Angaben zu überprüfen.

SCHLUCKER *erschrocken* Sie scheinen meinen Worten zu mißtrauen, Herr Dr. Blauhals.

BLAUHALS Das Amt für Schiffbrüchige mißtraut allen Worten, Armin Schlucker.

SCHLUCKER *entsetzt* Es wimmelt heutzutage von Seeräubern!

BLAUHALS Wir haben stets auch zu Seeräubern die besten Beziehungen gehabt.

SCHLUCKER *fassungslos* Ich weiß nicht, was das Amt für Schiffbrüchige an meiner Erzählung unwahrscheinlich findet.

BLAUHALS Die Wahrscheinlichkeit Ihrer Erzählung macht sie unwahrscheinlich. Ein Betrüger würde keine unwahrscheinliche Geschichte erzählen.

SCHLUCKER *ängstlich* Ich hoffe, daß das Amt für Schiffbrüchige mich nicht von vornherein als einen Betrüger ansieht.

BLAUHALS Das Amt für Schiffbrüchige kann nur hoffen, daß Sie hoffentlich kein Betrüger sind, aber es muß annehmen, daß Sie wahrscheinlich ein Betrüger sind.

SCHLUCKER *aus allen Wolken fallend* Das Amt für Schiffbrüchige ist unmenschlich.

BLAUHALS Ein Amt, das sich seit mehr als fünfzehn Jahren mit der Rettung von Schiffbrüchigen abgibt, ist menschlich.

SCHLUCKER *verzweifelt* Warum hat das Amt für Schiffbrüchige mich gerettet, wenn ich verdächtig bin?

BLAUHALS Wer gerettet werden muß, ist immer verdächtig.

SCHLUCKER *wie oben* Nennen Sie mir einen Grund Ihres Mißtrauens.

BLAUHALS Es ist vielmehr an Ihnen, dem Amt für Schiffbrüchige einen Grund zu geben, Ihnen zu vertrauen.

SCHLUCKER *kleinmütig* Mein erbarmungswürdiger Zustand.

BLAUHALS Wenn von einem erbarmungswürdigen Zustand gesprochen werden kann, so trifft das nur auf das Amt für Schiffbrüchige zu. Es muß es vor der Menschheit verantworten, eine wildfremde Person, deren

Herkunft kaum festgestellt werden dürfte, gerettet zu haben.

SCHLUCKER *bitter* Es ist unmöglich, meine erfrorenen Glieder, meine durchnäßten Kleider und mein fehlendes Bein zu übersehen.

BLAUHALS Was sind Sie von Beruf?

SCHLUCKER Schriftsteller.

BLAUHALS Dann sehe ich nicht ein, warum Sie Ihr fehlendes Bein stört, Sie sind ja nicht Kunstturner. Ich habe Menschen gerettet, die überhaupt keine Glieder und überhaupt keine Kleider mehr hatten, und dennoch priesen sich diese glücklich, denn sie waren gerettet, und dies bei einer Tiefe von nur einigen hundert Metern. Ihr Zustand, Armin Schlucker, ist im Gegensatz zu dem des Amtes für Schiffbrüchige beneidenswert.

SCHLUCKER Mein Glück wäre vollkommen, wenn mich das Amt für Schiffbrüchige achten würde.

BLAUHALS Das Amt für Schiffbrüchige hat Sie geachtet, indem es Sie gerettet hat.

SCHLUCKER *ehrlich überzeugt* Ich habe ein Anrecht darauf, vom Amt für Schiffbrüchige als eine Person geachtet zu werden, der man Glauben schenken darf, weil sie alles wagte, um der Sklaverei zu entgehen. Ich hatte den Mut, in das mit Haien übervölkerte Meer zu springen, Herr Dr. Blauhals.

BLAUHALS Es gab für Sie keinen anderen Ausweg, um einer mutigen Auseinandersetzung mit den Seeräubern zu entgehen, Armin Schlucker.

SCHLUCKER *fassungslos* Sie betrachten meine Flucht als Feigheit?

BLAUHALS Flucht ist immer Feigheit, dagegen braucht es

immer Mut, jemanden zu retten. Der Held sitzt vor Ihnen.

SCHLUCKER *ergeben* Es war hoffnungslos, gegen eine Übermacht zu kämpfen. Ich war allein.

BLAUHALS Sie stehen an Bord einer Arche, deren Besatzung erwiesenermaßen den Kampf mit der größten Übermacht nie gescheut hat und deren größtes Vergnügen der Heldentod ist. Schicken Sie uns sämtliche Seeräuber der Welt und wir werden zu sterben wissen, solange noch eine Ader in uns lebt.

SCHLUCKER *wehmütig* Als ich ins Meer sprang, hoffte ich, auf einem anderen Schiff ein menschenwürdiges Leben führen zu dürfen.

BLAUHALS Sie haben auf diesem Schiff kein Leben zu führen, Armin Schlucker. Sie sind der Gerettete und werden es bleiben, das Leben überlassen Sie den andern.

SCHLUCKER Ich werde tun, was man von mir verlangt.

BLAUHALS Sie haben nichts zu tun, als dankbar zu sein.

SCHLUCKER Meine Dankbarkeit ist grenzenlos.

BLAUHALS Wenn uns auch die Überbevölkerung der Arche, deren großen Tierbestand es zu erhalten gilt, nicht gestattet, den Geretteten ein menschenwürdiges Leben zu ermöglichen, so haben sie doch die Gelegenheit, in irgendeinem sichern Winkel in Ruhe und unter amtlicher Aufsicht in den Armen der Freiheit dankbar zu sein.

SCHLUCKER *bitter* Das Leben des Geretteten ist hart.

BLAUHALS Das Leben des Beamten ist härter. Das Leben eines Beamten ist ein lebenslänglich verlängerter Heldentod im Dienste des Amtes für Schiffbrüchige.

SCHLUCKER *entschlossen* Ich werde die Zähne zusammenbeißen und alles ertragen, bis bessere Zeiten gekommen sind.

BLAUHALS Solange es ein Amt für Schiffbrüchige gibt, werden keine besseren Zeiten kommen.

SCHLUCKER Einmal wird es keine Schiffbrüchigen mehr geben.

BLAUHALS Dann wird das Amt für Schiffbrüchige die Schiffbrüchigen selber produzieren. Ein Amt besteht immer. Es besteht im Namen der Menschlichkeit und nicht im Namen derer, die aus unkontrollierbaren Gründen aus den Schiffen springen und seine Hilfe nötig haben. Das Amt für Schiffbrüchige hätte die Mühsal von mehr als fünfzehn Jahren qualvoller Rettungsarbeit nicht auf sich genommen, wenn es von der Existenz jener abhängig wäre, die keine gesetzlich berechtigte Existenz mehr haben und deshalb gerettet werden müssen.

SCHLUCKER Sie haben mich überzeugt.

BLAUHALS Es gibt nichts Überzeugenderes als das Amt für Schiffbrüchige.

SCHLUCKER Seinen Argumenten vermag ich nicht zu widerstehen.

BLAUHALS Den Argumenten des Amtes für Schiffbrüchige hat noch niemand widerstanden.

SCHLUCKER Es tut mir leid, dem Amt für Schiffbrüchige keinen guten Eindruck zu machen.

BLAUHALS Es ist bis jetzt erst einigen geretteten Gräfinnen und Seeräubern gelungen, dem Amt für Schiffbrüchige zu imponieren. Diese hatten aber ein sehr bescheidenes Auftreten.

SCHLUCKER Vielleicht wäre es besser gewesen, wenn ich mich anstatt Ihnen den Haifischen übergeben hätte.

BLAUHALS Das wäre jedenfalls anständiger gewesen, Armin Schlucker.

SCHLUCKER Sie zwingen mich, zwischen der Grausamkeit der Menschen und der Grausamkeit der Haie zu wählen.

BLAUHALS Sie haben die Menschlichkeit des Amtes für Schiffbrüchige gewählt. Sie können gehen, Armin Schlucker.

Schlucker bewegt sich auf seinem Bein hinaus. Ein Unterbeamter tritt auf.

BLAUHALS Sperren Sie den Geretteten zu den übrigen.

DER UNTERBEAMTE Der Gerettete hat sich wieder ins Meer gestürzt, Herr Doktor.

BLAUHALS Das hat man davon, wenn man einen Unbekannten rettet. Wer gerettet sein will, hat von heute an sein Gesuch schriftlich mit Paß und Leumundszeugnis dem Archenamt für Schiffbrüchige per Flaschenpost eingeschrieben einzureichen.

EIN ZWEITER UNTERBEAMTER *tritt auf* Es schreit ein neuer um Hilfe, Herr Doktor.

BLAUHALS Es ist zwei vor zwölf. Werfen Sie noch das Formular hinunter, dann soll sich der Schiffbrüchige am Montag um acht Uhr backbords an der Arche zur Rettung einfinden. Samstagnachmittags und sonntags sowie an den gesetzlich bestimmten Festtagen ist das Amt für Schiffbrüchige geschlossen.

Der Erfinder

Salon der Arche.
Links auf einer kleinen Säule ein Glas mit zwei Goldfischen, rechts auf einer gleichen Säule eine Vase.
An der linken Wand: Der ›Tell‹ von Hodler.
An der rechten Wand: Die ›Toteninsel‹ von Böcklin.
Hintergrund: Das Meer, davor ein Kanapee, das sehr lang ist. Links von ihm ein Radio.
Zweistein, seine Sekretärin, ein Dienstmädchen. Die Personen sind frei erfunden.
Zweistein trägt einen Tropenhelm, einen weißen Anzug und einen Stock.
Es ist Nachmittag bei klarstem Sonnenschein.
Die Sekretärin trägt ein graues Kleid und eine Damentasche.
Zweistein und Sekretärin tragen Brillen.
Zweistein nimmt seinen Tropenhelm ab, entnimmt ihm eine Visitenkarte, gibt sie dem Dienstmädchen und setzt den Tropenhelm wieder auf.

DIENSTMÄDCHEN Der Herr Archenpräsident wird sofort kommen.
ZWEISTEIN Ich zweifle nicht, mein Kind.

Das Dienstmädchen geht links ab.
Zweistein putzt die Brille.
Der Archenpräsident kommt von links. Er ist einfach, aber

sauber gekleidet. Sein Gesicht verrät die ehemals besten Schulzeugnisse. Er verbeugt sich.

PRÄSIDENT Habe ich die Ehre, den berühmten Herrn Professor Zweistein zu empfangen?

ZWEISTEIN Er steht vor Ihnen.

PRÄSIDENT Die Arche fühlt sich durch den Besuch eines so großen Erfinders beglückt.

ZWEISTEIN Meine Sekretärin.

PRÄSIDENT Auch Sie heiße ich im Namen der Arche willkommen, mein Fräulein.

Die Sekretärin nickt.

PRÄSIDENT *nach rechts rufend* Gertrud, der Ma isch da, wos Atombömbeli erfunde het.

FRAU PRÄSIDENT *hinter der Bühne* O!

PRÄSIDENT Ich möchte Ihnen meine Frau vorstellen. Sie interessiert sich sehr für moderne Kunst.

ZWEISTEIN Ich interessiere mich sehr für Frauen.

Von rechts kommt die Frau Archenpräsident.

FRAU PRÄSIDENT O!

ZWEISTEIN Gnädige Frau.

FRAU PRÄSIDENT Es freut mich, den berühmten Professor, der die Atombombe erfunden hat, kennenzulernen.

ZWEISTEIN Ich bin über die Jugend, Schönheit und Grazie der Frau Archenpräsidentin überrascht.

FRAU PRÄSIDENT Ich habe mich für die Atombombe immer brennend interessiert.

ZWEISTEIN Ich bin sicher, bei Ihnen vollstes Verständnis für meine Leidenschaft zu finden.

FRAU PRÄSIDENT O!
ZWEISTEIN Meine Sekretärin.
FRAU PRÄSIDENT *kühl* O.
PRÄSIDENT Ich bitte Platz zu nehmen.

Alle setzen sich auf das Kanapee in der Reihenfolge: Präsident, Frau Präsident, Zweistein, Sekretärin.

ZWEISTEIN Ich bin nicht nur in meiner Eigenschaft als Erfinder der Atombombe zu Ihnen gekommen, sondern auch als Präsident des internationalen Komitees zur Bekämpfung der Furcht unter den Menschen.
PRÄSIDENT Sind Sie amerikanischer Staatsbürger?
ZWEISTEIN Ich bin im Interesse meines Geschäfts selbständig.
PRÄSIDENT *befremdet* Ihres Geschäfts?
ZWEISTEIN Ich bin neben meiner aufopfernden Tätigkeit für das internationale Komitee zur Bekämpfung der Furcht unter den Menschen noch in der Wirtschaft tätig.
PRÄSIDENT Darf ich Sie fragen, um was für ein Geschäft es sich handelt?
ZWEISTEIN Ich beliefere die großen Nationen mit Atombomben, was viel zur gegenwärtigen freundlichen Weltlage beiträgt.
PRÄSIDENT Ich habe eben aus dem Fenster Ihr Schiff bewundert.
ZWEISTEIN Ich reise mit einem Atomkraft-Schiff. Fahren Sie auch mit Atomkraft?
PRÄSIDENT Wir warten noch die Entwicklung dieser Energie ab.
ZWEISTEIN Diese Energie wird sich sehr heftig entwikkeln. Sie fahren mit Benzin?

PRÄSIDENT Mit Demokrazin.

ZWEISTEIN Die staatlichen Archen brauchen jetzt offiziell alle Demokrazin. Fahren Sie mit amerikanischem oder mit dem billigen Volksdemokrazin?

PRÄSIDENT Wir fahren noch mit dem echten Demokrazin. Es ist amtlich geprüft, kalt gelagert, in Flaschen abgefüllt und muß vor Gebrauch geschüttelt werden.

ZWEISTEIN *steht auf und tritt vor die Goldfische* Ihre Arche ist eine der kleinsten, die mir je vorgekommen ist.

PRÄSIDENT Sie ist ein umgebauter Bodenseedampfer.

ZWEISTEIN Es gehen heute viel Archen unter. *Er zieht unauffällig eine kleine Kugel aus der Tasche.*

PRÄSIDENT Das Meer ist oft sehr stürmisch.

ZWEISTEIN Die Archen, die ich bis jetzt besucht habe, sind zwei Stunden nach meiner Abreise gesunken. *Er läßt die Kugel ins Goldfischglas fallen.*

PRÄSIDENT Sind sie auf Klippen gestoßen?

ZWEISTEIN Sie flogen in die Luft. *Er setzt sich wieder zu den andern aufs Kanapee.*

FRAU PRÄSIDENT Sie befinden sich auf einer Inspektionsreise, Herr Professor?

ZWEISTEIN Auf einer Erholungsreise, gnädige Frau.

FRAU PRÄSIDENT Sie waren krank?

ZWEISTEIN Ich war im Irrenhaus.

FRAU PRÄSIDENT O!

PRÄSIDENT Ihre Erfindung muß Sie sehr überanstrengt haben.

ZWEISTEIN Die Öffentlichkeit hat keine Ahnung von der geistigen Verfassung des Erfinders der Atombombe. Als Erfinder der Atombombe habe ich die Pflicht, verrückt zu sein.

PRÄSIDENT Jedenfalls darf ich Ihnen zu Ihrer Genesung gratulieren.

ZWEISTEIN *stolz* Ich habe es nicht nötig, geheilt zu werden. Ein normaler Mensch erfindet nichts. *Er putzt die Brille.*

SEKRETÄRIN Der Herr Professor ist Ehrendoktor von dreitausenddreihundertdrei Universitäten. Auch die Borduniversität Ihrer Arche hat ihm das Ehrendoktorat für Theologie verliehen.

PRÄSIDENT Ich bin überzeugt, daß Ihnen die Seereise sehr gut tut, Herr Professor.

ZWEISTEIN Meine Flucht hat mich allerdings etwas ermüdet.

PRÄSIDENT *verwirrt* Ihre Flucht?

ZWEISTEIN Aus dem Irrenhaus.

FRAU PRÄSIDENT O.

PRÄSIDENT Sie sind aus dem Irrenhaus entwichen?

ZWEISTEIN Ich wurde von hundertfünfundsiebzig Wärtern bewacht.

FRAU PRÄSIDENT *elektrisiert* Wie interessant!

PRÄSIDENT Es mußte schwierig sein, hundertfünfundsiebzig Wärtern zu entkommen.

ZWEISTEIN Es ist für einen modernen Physiker eine Kleinigkeit, hundertfünfundsiebzig Wärter auf die Seite zu schaffen. Es war auch kein nennenswertes Problem, das Irrenhaus in die Luft zu sprengen. Aber dann mußte ich die vier Kilometer bis zum Strand, wo meine Sekretärin mit der Privatatomkraftjacht wartete, zu Fuß gehen. Ich bin gewohnt, im Atomkraftautomobil zu fahren, mein Herr. Die Füße tun mir noch weh. *Er verzieht das Gesicht.*

PRÄSIDENT Ich bin überzeugt, daß Sie auf dem Meer besser aufgehoben sind als im Irrenhaus.

SEKRETÄRIN Der Herr Professor ist klinisch gesehen ein ganz harmloser Fall. Er ist nur stark explosiomanisch.

PRÄSIDENT Was verstehen Sie darunter?

SEKRETÄRIN Er hat nur einen starken Trieb, alles in die Luft zu sprengen.

ZWEISTEIN *blickt auf die Uhr* Dürfte ich bitten, das Radio einzustellen.

Der Präsident stellt das Radio ein.

DAS RADIO Die in dem mittleren Pazifik gelegenen Loki-Inseln sind gestern 22 Uhr 10 durch eine riesige Explosion vernichtet worden. Die mehr als hundert Inseln umfassende Inselgruppe ist verschwunden. Bis jetzt ist die Ursache der Explosion noch nicht bekannt, doch dürfte es sich um einen unterirdischen Vulkan handeln.

ZWEISTEIN *stolz* Was sagen Sie nun?

PRÄSIDENT Eine entsetzliche Explosion!

FRAU PRÄSIDENT Ein grauenvolles Ereignis.

SEKRETÄRIN Ein erhabenes Zeugnis für die Vergänglichkeit pazifischer Inseln im Zeitalter der Atombombe.

PRÄSIDENT Sie glauben, daß die Inseln in die Luft gesprengt worden sind?

ZWEISTEIN *erhaben* Ich habe sie in die Luft gesprengt. Bei meinem nächsten Experiment hoffe ich zweihundert Inseln in die Luft zu sprengen.

FRAU PRÄSIDENT O!

PRÄSIDENT Sie führen Atombomben mit sich?

ZWEISTEIN Ich habe immer einige Koffer voll Miniatur-Atombomben bei mir, die sich aber nur für Schiffe und

Archen eignen. Für Inseln brauche ich meine eben erfundene Super-Atombomben.

PRÄSIDENT Sie sprengen auch Schiffe in die Luft?

ZWEISTEIN Das In-die-Luft-Sprengen von Schiffen ist experimentell immer noch etwas vom Aufschlußreichsten.

PRÄSIDENT Pflegen Sie die Schiffe anzukaufen?

ZWEISTEIN Ich benötige allein für die Herstellung von Atombomben so viel Geld, daß wir uns den Ankauf von Schiffen nicht leisten können. Ich pflege daher die Schiffe geheim in die Luft zu sprengen.

PRÄSIDENT Ist das nicht sehr schwierig?

ZWEISTEIN Als Präsident des internationalen Komitees zur Bekämpfung der Furcht unter den Menschen habe ich zu jedem Wasserfahrzeug Zutritt.

PRÄSIDENT Die Schwierigkeit wird darin liegen, die Atombombe unbemerkt auf die betreffenden Schiffe zu bringen.

ZWEISTEIN Sie müssen bedenken, daß es mir gelungen ist, so kleine Atombomben herzustellen, daß ich sie mühelos verstecken kann. Bei meiner letzten Arche gab ich sie dem Bordelefanten zu fressen. Die Explosion war dann besonders wirksam.

PRÄSIDENT *sieht mißtrauisch zu den Goldfischen herüber.* Sind in Folge dieser Explosionen Menschen umgekommen?

ZWEISTEIN Nach der Explosion pflegt allerdings nichts mehr zu leben. Die Archen verschwinden vollständig, was sehr bedauerlich ist, da es mich zwingt, immer neue Archen in die Luft zu sprengen.

PRÄSIDENT *sachlich* Sie betreiben Massenmord.

ZWEISTEIN *noch sachlicher* Man muß den Menschen übersehen, um den Fortschritt unserer Zeit zu sehen.

PRÄSIDENT *entschlossen und gläubig* Der Mensch darf nicht übersehen werden.

ZWEISTEIN *noch entschlossener und noch gläubiger* Politik ist nur möglich, weil sie den Menschen übersieht.

PRÄSIDENT In-die-Luft-Sprengen ist keine Politik.

ZWEISTEIN Jede Politik hat den Menschen am Ende in die Luft gesprengt.

PRÄSIDENT Es ist mir unerklärlich, wie Sie gleichzeitig Erfinder der Atombombe und Präsident des internationalen Komitees zur Bekämpfung der Furcht unter den Menschen sein können.

ZWEISTEIN Ich bin Präsident des internationalen Komitees zur Bekämpfung der Furcht unter den Menschen, weil ich gegen die Nazistaaten, die Geldstaaten und die Sklavenstaaten bin.

PRÄSIDENT Diese Staaten können keinen schlimmeren Massenmord als Sie treiben.

ZWEISTEIN Ein Nazistaat treibt Massenmord, um die Menschen in Tiere zu verwandeln, ein Sklavenstaat, um sie in Dinge zu verwandeln, und ein Geldstaat, um sie in Dollar zu verwandeln.

PRÄSIDENT Und in was verwandeln Sie die Menschen mit Massenmord?

ZWEISTEIN In Nichts. Darum geht allein meine Rechnung auf. Ich bin der einzig berechtigte Massenmörder der Welt.

PRÄSIDENT *steht auf und geht zu den Goldfischen* Darf ich Sie bitten, die Kugel wieder zu sich zu nehmen, die Sie zufällig in dieses Goldfischglas fallen ließen. *Er übergibt Zweistein die Kugel.*

ZWEISTEIN *vorwurfsvoll* Es ist eine meiner modernsten Miniatur-Atombomben.

FRAU PRÄSIDENT O! *Sie fällt fast in Ohnmacht.*

PRÄSIDENT Ich habe weder für alte noch für neue Atombomben auf meiner Arche Verwendung.

ZWEISTEIN *steckt die Miniatur-Atombombe wieder ein.* Darf ich Sie nun bitten, mir Ihre Arche zu zeigen.

PRÄSIDENT Ich möchte Sie nur noch darauf aufmerksam machen, daß das Füttern der Elefanten verboten ist.

Zweistein und der Präsident entfernen sich links.
Frau Präsident beruhigt sich wieder. Sie sitzt der Sekretärin gegenüber und besinnt sich. Sie fühlt sich dumpf verpflichtet, ein Gespräch anzufangen.

FRAU PRÄSIDENT Was halten Sie von Kindererziehung?

SEKRETÄRIN Ich bin dafür, daß der binomische Faktor parallel der sklerosen Potenzierung von minus 3 abwärts erhöht werde.

FRAU PRÄSIDENT *nach langer Pause* Ich bin ganz mit Ihnen einverstanden.

SEKRETÄRIN Sonst wird die planetarische Einwirkung in den vertikalen Sektoren vegetativ periodisch.

FRAU PRÄSIDENT Eben, eben.

SEKRETÄRIN Sie werden bei Ihren Kindern wohl auch Tangens Delta infektiv ausschalten?

FRAU PRÄSIDENT Ich habe damit im allgemeinen gute Erfahrungen gemacht.

SEKRETÄRIN Setzen Sie die Hyperbel hermetisch fort oder fördern Sie die Ionenfermente zyklisch?

FRAU PRÄSIDENT Teils, teils.

SEKRETÄRIN Das scheint mir für die Imbezillität von Alpha bedenklich.

FRAU PRÄSIDENT Mit Kamillentee ist es ungefährlich.

SEKRETÄRIN Da die Wissenschaft in diesem Punkt schwankt, ist mir Ihre Aussage wichtig.

FRAU PRÄSIDENT *eifrig* Man kann immer noch Lehmwickel machen, wenn es nicht besser wird.

SEKRETÄRIN Ich werde Ihre Methode aufschreiben. *Sie kramt in der Tasche nach einem Bleistift und nimmt zufällig eine Kugel hervor. Freudig* Ach, da habe ich die Atombombe gefunden, die wir vor zwei Tagen verloren haben.

FRAU PRÄSIDENT O! *Sie fällt wirklich in Ohnmacht.*

SEKRETÄRIN Der Professor behauptete immer, ich hätte sie in meine Tasche gesteckt.

Die Sekretärin nimmt eine Lupe und betrachtet die Atombombe. Dann nimmt sie die Bombe in die Hand und schüttelt den Kopf.
Von rechts kommen Zweistein und der Präsident.
Als Zweistein an der Vase rechts vorbeikommt, läßt er unbemerkt etwas hineinfallen.

SEKRETÄRIN Herr Professor, die Atombombe ist wieder gefunden.

Der Präsident zuckt zusammen.

ZWEISTEIN Wo war sie?

SEKRETÄRIN In meiner Tasche.

ZWEISTEIN Das ist schon die fünfte Atombombe, die verlorenging und die wir dann in Ihrer Tasche gefunden haben.

SEKRETÄRIN Ich verwechsle sie immer mit meiner Strumpfkugel.

ZWEISTEIN Ich darf von meiner Sekretärin verlangen, daß sie eine Atombombe von einer Strumpfkugel zu unterscheiden weiß.

Die Frau Präsident kommt wieder zu sich.

SEKRETÄRIN Die Atombombe ist leichter geworden, Herr Professor.

ZWEISTEIN Geben Sie her. *Er wiegt die Atombombe in der Hand.* Sie ist leichter geworden. Sie muß sofort zur Explosion gebracht werden.

PRÄSIDENT Warum?

ZWEISTEIN Damit ich feststellen kann, ob die Explosion noch longitudinal oder schon kosmisch ist. Wenn eine Atombombe leichter wird, kann sie unter Umständen kosmisch explodieren.

PRÄSIDENT Der Unterschied?

ZWEISTEIN Entweder entwickelt sich eine ungeheure Hitze oder eine unvorstellbare Kälte.

PRÄSIDENT Ist es nicht gleichgültig, wie man zu Grunde geht?

ZWEISTEIN Für die Wissenschaft ist gerade dieser Punkt am interessantesten. Ich zum Beispiel würde leidenschaftlich gern durch eine ungeheure Kälte zu Grunde gehen. *Er schaut sich um.* Haben Sie einen Hammer?

PRÄSIDENT Nein.

ZWEISTEIN Ein Beil?

PRÄSIDENT Nein.

Der Präsident zieht einen Revolver hervor.

ZWEISTEIN Ich muß auf irgendeine Weise die Atombombe zur Explosion bringen. Die Wissenschaft muß wissen, woran sie ist.

PRÄSIDENT *zielt auf Zweistein* Ist Ihnen noch nie die Möglichkeit bewußt geworden, daß Sie von einem Menschen erschossen werden könnten?

ZWEISTEIN *an der Atombombe herumhantierend* Ich sehe nicht ein, warum das jemand tun sollte.

PRÄSIDENT Sie befinden sich hier auf einer Arche, deren Nationalheld vor einem Mord nicht zurückschreckte, um das Weiterbestehen der Arche zu ermöglichen.

ZWEISTEIN Das war zur Zeit der Hexenverbrennung und der Nationalkriege. Heute geht es um den Konflikt zwischen der Erhaltung der Menschheit und der Erhaltung der Wissenschaft.

PRÄSIDENT Um die Menschheit zu erhalten, ist unter Umständen auch ein Mord berechtigt.

ZWEISTEIN Ein Mord ist nur berechtigt, um die Wissenschaft zu erhalten.

Die Frau Präsident sieht, daß ihr Mann auf Zweistein zielt, und fürchtet sich.

PRÄSIDENT Es gibt aber einen Menschen, der sich berechtigt glaubt, Sie im Interesse seiner Arche zu töten.

ZWEISTEIN Dieser Mensch wird eine einzigartige Dummheit begehen. Ich trage immer gegen dreißig Miniatur-Atombomben und eine Super-Atombombe auf mir, die im Falle meines Todes automatisch explodieren. Auch würde, da sich meine Atomkraftjacht immer in meiner Nähe befindet, diese auch mit sämtlichen Bomben explodieren, und es käme eine Explosion zustande, die ich selbst für meine Begriffe als in jeder Beziehung außergewöhnlich bezeichnen müßte. *Sieht in diesem Augenblick den Revolver in der Hand des Präsidenten* Sie haben ja einen Revolver.

PRÄSIDENT Er steht zu Ihrer Verfügung.

Zweistein nimmt den Revolver und schlägt mit aller Wucht auf die Atombombe.

ZWEISTEIN Merkwürdig, sie explodiert nicht. Ich werde sie einmal gegen die Wand werfen. *Er holt aus.*

SEKRETÄRIN Sie könnten das Glas vor der ›Toteninsel‹ von Böcklin zertrümmern, Herr Professor.

ZWEISTEIN Ich bitte um Entschuldigung. *Er läßt den Arm wieder sinken.* Es ist mir unerklärlich, warum die Atombombe nicht explodiert, ich habe doch mit dem Revolver fest auf sie geschlagen. Ich werde einmal auf sie schießen. *Er geht zum Goldfischglas, nimmt es sorgfältig von der Säule und stellt auf sie die Atombombe. Geht dann nach rechts und zielt auf sie.*

PRÄSIDENT Wenn Sie die Atombombe zur Explosion bringen, werden Sie doch auch sterben.

FRAU PRÄSIDENT O!

ZWEISTEIN Der Präsident des internationalen Komitees zur Bekämpfung der Furcht unter den Menschen fürchtet sich nicht vor dem Tod.

PRÄSIDENT Sie werden aber auch nicht mehr feststellen können, ob die Explosion longitudinal oder kosmisch verlief.

ZWEISTEIN Aus meinen Überresten wird man das wissenschaftlich völlig einwandfrei erschließen.

Die Sekretärin steht auf und flüstert ihm etwas ins Ohr. Zweistein läßt den Revolver sinken.

ZWEISTEIN Wenn ich nun die Atombombe nicht zur

Explosion bringe, so nicht deshalb, weil ich mein Leben als wertvoller einschätze als das Ihre, sondern nur, weil die Möglichkeit besteht, wie meine Sekretärin eben bemerkt hat, daß ich einmal die Ultrasuper-Atombombe erfinden werde. Diese Möglichkeit muß im Interesse der Wissenschaft weiter bestehen. *Er schaut auf die Uhr.* Ich muß mich nun verabschieden.

Der Präsident geht zur Vase und greift hinein.

PRÄSIDENT Darf ich Ihnen noch die Atombombe übergeben, die Sie in unserer Vase vergessen haben.

ZWEISTEIN Ich danke Ihnen.

DER PRÄSIDENT *greift in seine Tasche* Und die Atombombe, die Sie dem Känguruh in den Beutel gesteckt haben.

ZWEISTEIN Ich darf Ihnen versichern, daß diese List bis jetzt immer Erfolg hatte. *Er steht einen Augenblick unschlüssig. Dann zur Frau Präsident* Es wäre mir eine große Freude, Sie schnell unter vier Augen sprechen zu dürfen, gnädige Frau.

FRAU PRÄSIDENT O! *Sie führt ihn nach rechts hinaus.*

Der Präsident und die Sekretärin sind allein.

PRÄSIDENT Der Besuch des Herrn Professors war uns ein großes Vergnügen.

SEKRETÄRIN Ich beglückwünsche Sie zu Ihrer sauberen und anständigen Arche.

PRÄSIDENT Wir müssen leider bedauern, daß wir sie dem Herrn Professor für seine Experimente nicht zur Verfügung stellen können.

SEKRETÄRIN *vorwurfsvoll* Bis jetzt hat sich jede besuchte Arche der Wissenschaft zur Verfügung gestellt.

PRÄSIDENT Ich glaube kaum, daß die betreffenden Archen um ihre Zustimmung ersucht worden sind.

SEKRETÄRIN *kühl* Das haben wir stillschweigend vorausgesetzt, Herr Archenpräsident.

PRÄSIDENT Jedenfalls wird diese Arche nicht in die Luft fliegen.

Frau Präsident und Herr Professor Zweistein kommen wieder zurück.

FRAU PRÄSIDENT *beglückt* O!

ZWEISTEIN Ich danke Ihnen sehr, gnädige Frau. *Er küßt ihr die Hand.*

FRAU PRÄSIDENT *tief beglückt* Sie sind trotz allem ein edler Mann!

ZWEISTEIN *mit einer Verbeugung zum Präsidenten* Leben Sie wohl, mein Herr.

Die Sekretärin nickt.
Zweistein und Sekretärin verschwinden rechts im Hintergrund.
Über dem Meer erglüht die Abendsonne.
Herr und Frau Archenpräsident treten vor das Meer.
Man hört die sich entfernende Atomkraftjacht pfeifen.
Herr und Frau Archenpräsident winken.
Die Sonne bescheint nur noch die ›Toteninsel‹ von Böcklin, der ›Tell‹ von Hodler versinkt in der Dämmerung.
Herr und Frau Archenpräsident treten in den Vordergrund.

PRÄSIDENT Gertrud, er het doch nid öppe es Atombömbeli chönne verstecke, won er mit dir gredt het?

FRAU PRÄSIDENT Aber Werner.

PRÄSIDENT Mon dieu, mir wäre verlore.

FRAU PRÄSIDENT E gwaltige Ma!

PRÄSIDENT Gertrud?

FRAU PRÄSIDENT Werner?

PRÄSIDENT Was hesch du da im Chleid, Gertrud?

Sie greift unsicher in den Busen und zieht eine Atombombe hervor.

FRAU PRÄSIDENT O! *Sie fällt in Ohnmacht.*

Der Archenpräsident hält zitternd die Atombombe in der Hand.
Nur noch die ›Toteninsel‹ von Böcklin leuchtet einsam im Raum.

Anhang

Hörspielerisches

Es ist nicht ausgeschlossen, daß es Leute gibt, die über Hörspiele ganz bestimmte und profunde Meinungen besitzen, ja vielleicht sogar Hörspieldramaturgien verfaßt haben. Warum nicht. Ich habe mich nie darum gekümmert. Natürlich gibt es technische Möglichkeiten und Eigentümlichkeiten, die nur oder vor allem dem Hörspiel zukommen, das ist auch mir aufgegangen; ein Erzähler etwa wirkt hier natürlicher als auf dem Theater, ein Ortswechsel läßt sich leichter vollziehen, und wenn der Sohn des Augias unvermutet vor der nackten Deianeira steht, so geht das im Radio durchaus, im Theater gäbe es wahrscheinlich doch Proteste. Doch sind dies alles nebensächliche Probleme, Fachsimpeleien.

Der Grund, weshalb man denn eigentlich Hörspiele schreibt, ist schon interessanter. Auch finanziell. Er liegt darin, daß Hörspiele benötigt und bestellt werden. Weshalb dies so ist, muß hier ja nicht näher untersucht werden. Was da die Menschheit an technischen Möglichkeiten aus sich herausentwickelt, braucht offenbar seine kulturelle Krönung, seine künstlerische Erhöhung, will sich nachträglich berechtigen, indem es Geist fordert, geradezu nach Geist hungert. (Vorderhand jedenfalls noch, denn nächstens wird wohl so ein Elektronenhirn seine erste Sonate abliefern, in einem Bruchteil einer Sekunde, und ein anderes Biest seinen ersten Gedichtband.)

Dieses Nach-Geist-Hungern mag vielleicht erstaunlich sein. An sich hätte doch so eine Radiokiste nur Nachrichten und Tanzmusik zu übermitteln und ein Fernsehkasten wirklich nur Fußballspiele zu bringen. Aber offenbar hat ein Beethoven in jedem Kämmerlein zu erklingen und ein Hamlet nicht nur im Burgtheater, sondern auch in jeder besseren Stube aufzutreten

Dagegen ist alles und nichts zu sagen. Die Technik kann ein Luxus und eine Notwendigkeit sein, für den Blinden ist das Radio eine wirkliche Prothese, für einen Gelähmten das Fernsehen.

Doch hat sich ein Schriftsteller nicht um diese Fakten zu kümmern, er hat sie nur zugunsten seiner Produktion auszunützen. Er hat zu arbeiten, auch in unserem Zivilisationsdschungel, die nötigen Schliche und Pfiffe zu lernen, zu versuchen, sich intakt zu halten. Die Luft ist stickig, ein jeder kommt gleich mit den ewigen Werten, das ganze Abendland wird mobilisiert und zitiert. Darum keine unnützen Bewegungen, keine falschen Atemzüge, Entwicklung einer Elefantenhaut. Die Schwierigkeit des Schriftstellers heutzutage liegt darin, daß er seine Möglichkeit zu kapieren hat. Nur was er schafft, zählt, nicht, was er schwätzt; nur was er denkt, nicht was er meint. Was bleibt, stiften die Dichter. Genauer: nur der Mensch bleibt, den die Dichter schaffen.

Hammurabi beschäftigt nur Altertumswissenschaftler, Gilgamesch lebt. Wilhelm Tell ist immer noch der einzige Schweizer, den wirklich die ganze Welt kennt, Adrian von Bubenberg dagegen ist zwar historisch, aber eine bernische Lokalgröße geblieben. Und sogar der Pottwal Moby-Dick lebt immer noch nachdrücklicher als der größte Politiker seiner Epoche.

Sicher gibt es die Freude an der Sprache, das Vergnügen, zu spüren, daß ein Wort, ein Satz, eine Periode, eine Passage oder gar ein Gedanke nur so sein kann und nicht anders; die Lust an der Raffinesse, am Detail, an der Unterscheidung und so weiter; doch zählt dies alles nichts, war man einmal dabei, wie eine Gestalt zu leben beginnt, Eigengesetzlichkeit erlangt, zu reden anfängt, die Sprache diktiert, selber ihr Schicksal formt: diesem Erlebnis gegenüber wird alles andere gleichgültig, zweitrangig.

Von hier aus betrachtet, werden dem Schriftsteller die technischen Möglichkeiten unserer Zeit nichts anderes als Materialien, die es eben auch gibt, Dinge wie Ton, Holz oder Stein für einen Bildhauer, er greift zu diesem oder jenem Material, bald aus Instinkt, bald aus Neugierde, oft weil eben ein Auftrag vorliegt: Schriftstellerei ist ein Beruf. So verdanke ich dem Hörspiel viel, auch Geld; die deutschen Sender zahlen anständig. Arbeiten ist eine Frage der Disziplin. Einatmen, Ausatmen, Wechseln von größeren zu kleineren Formen, immer neues Ansetzen. Nach einem Theaterstück tut es gut, einen Roman zu schreiben, nach dem Roman erwacht die Lust auf ein Hörspiel, nach dem Hörspiel wagt man sich wieder an ein Theaterstück: Blutkreislauf.

So bleibt man an den Stoffen, formt unablässig, schafft seine Gestalten, immer neue, vergeudet sich nicht, schreibt Dinge und nicht über Dinge, belästigt die Welt weder mit Weltanschauung noch mit Innenleben; der Schreibtisch bleibt der Arbeitstisch. Und dann noch das Beste: mit deinen Hörspielen tauchst du wieder unter (falls du nicht gar zu offensichtlich in ihnen dichtest, reines Wort, Raumlosigkeiten usw.), kein ernsthafter Kritiker nimmt sie wahr, liest sie, er schaut sie ja nur als reine Gelegenheitsarbeit an, und so läßt sich gerade in ihnen ungestört oft das Wesentlichste tun oder doch vorbereiten.

Erstmals erschienen in ›Die Weltwoche‹, Zürich, 12. Dezember 1958.

Friedrich Dürrenmatt im Diogenes Verlag

● Das dramatische Werk

Achterloo
Komödie. Leinen

Es steht geschrieben / Der Blinde
Frühe Stücke. detebe 20831

Romulus der Große
Ungeschichtliche historische Komödie
Fassung 1980. detebe 20832

Die Ehe des Herrn Mississippi
Komödie und Drehbuch. Fassung 1980
detebe 20833

Ein Engel kommt nach Babylon
Fragmentarische Komödie. Fassung 1980
detebe 20834

Der Besuch der alten Dame
Tragische Komödie. Fassung 1980
detebe 20835

Frank der Fünfte
Komödie einer Privatbank. Fassung 1980
detebe 20836

Die Physiker
Komödie. Fassung 1980. detebe 20837

Herkules und der Stall des Augias
Der Prozeß um des Esels Schatten
Griechische Stücke. Fassung 1980
detebe 20838

Der Meteor / Dichterdämmerung
Nobelpreisträgerstücke. Fassung 1980
detebe 20839

Die Wiedertäufer
Komödie. Fassung 1980. detebe 20840

König Johann / Titus Andronicus
Shakespeare-Umarbeitungen. detebe 20841

Play Strindberg / Porträt eines Planeten
Übungsstücke für Schauspieler
detebe 20842

Urfaust / Woyzeck
Bearbeitungen. detebe 20843

Der Mitmacher
Ein Komplex. detebe 20844

Die Frist
Komödie. Fassung 1980. detebe 20845

Die Panne
Hörspiel und Komödie. detebe 20846

Nächtliches Gespräch mit einem erachteten Menschen / Stranitzky und der Nationalheld / Das Unternehmen der Wega
Hörspiele und Kabarett. detebe 20847

Achterloo IV
Eine Komödie in zwei Akten. Mit einem Nachwort des Autors. detebe 21789

Friedrich Dürrenmatt & Charlotte Kerr

Rollenspiele
Protokoll einer fiktiven Inszenierung und Achterloo III. Leinen

● Das Prosawerk

Minotaurus
Eine Ballade. Mit Zeichnungen des Autors
Pappband

Versuche
Leinen

Aus den Papieren eines Wärters
Frühe Prosa. detebe 20848

Der Richter und sein Henker
Der Verdacht
Kriminalromane. detebe 20849

Der Hund / Der Tunnel / Die Panne
Erzählungen. detebe 20850

Grieche sucht Griechin / Mr. X macht Ferien / Nachrichten über den Stand des Zeitungswesens in der Steinzeit
Grotesken. detebe 20851

Das Versprechen / Aufenthalt in einer kleinen Stadt
Ein Requiem auf den Kriminalroman und ein Fragment. detebe 20852

Der Sturz / Abu Chanifa und Anan Ben David / Smithy / Das Sterben der Pythia
Erzählungen. detebe 20854

Theater
Essays, Gedichte und Reden. detebe 20855

Kritik
Kritiken und Zeichnungen. detebe 20856

Literatur und Kunst
Essays, Gedichte und Reden. detebe 20857

Philosophie und Naturwissenschaft
Essays, Gedichte und Reden. detebe 20858

Politik
Essays, Gedichte und Reden. detebe 20859

Zusammenhänge/Nachgedanken
Essay über Israel. detebe 20860

Der Winterkrieg in Tibet
Stoffe I. detebe 21155

Mondfinsternis / Der Rebell
Stoffe II/III. detebe 21156

Der Richter und sein Henker
Kriminalroman. Mit einer biographischen Skizze des Autors. detebe 21435

Der Verdacht
Kriminalroman. Mit einer biographischen Skizze des Autors. detebe 21436

Justiz
Roman. detebe 21540

Der Auftrag
oder Vom Beobachten des Beobachters der Beobachter. Novelle in vierundzwanzig Sätzen. detebe 21662

● **Das zeichnerische Werk**

Bilder und Zeichnungen
Mit einer Einleitung von Manuel Gasser und Kommentaren des Künstlers. Diogenes Kunstbuch

Die Heimat im Plakat
Ein Buch für Schweizer Kinder. Zeichnungen. Mit einem Geleitwort des Künstlers kunst-detebe 26026

● **Gesammelte Werke**

Herausgegeben von Franz Josef Görtz
Leinen

Außerdem liegen vor:

Die Welt als Labyrinth
Ein Gespräch mit Franz Kreuzer. Broschur

Denkanstöße
Ausgewählt und zusammengestellt von Daniel Keel. Mit sieben Zeichnungen des Dichters. detebe 21697

Über Friedrich Dürrenmatt
Essays, Zeugnisse und Rezensionen von Gottfried Benn bis Saul Bellow. Mit Chronik und Bibliographie. Herausgegeben von Daniel Keel. detebe 20861

Elisabeth Brock-Sulzer
Friedrich Dürrenmatt
Stationen seines Werkes. Mit Fotos, Zeichnungen, Faksimiles. detebe 21388